EL **PODER** DE LOS
NOMBRES DE **DIOS**

Libros de Tony Evans publicados por Portavoz:

Alcanza la victoria financiera
¡Basta ya de excusas!
Entre la espada y la pared
El matrimonio sí importa
Nunca es demasiado tarde
El poder de la cruz en tu vida
El poder de los nombres de Dios
Solo para esposas
Solo para esposos
Sexo… una relación diseñada por Dios
Tu destino
Victoria en la guerra espiritual

Tina,

Que en el poder de los nombres de dios tengamos Fe el nos da lo que necesitamos en cualquier momento. Es nuestra bendicion y paz. Gracias por siempre compartir la palab de Dios.

♡ Mirojen

Madre, I Love You ♡
Thank you for all that you do for me & Audrey. We are truly lucky to have you!
— David & Amavely

EL **PODER** DE LOS **NOMBRES** DE **DIOS**

TONY EVANS

EDITORIAL
PORTAVOZ

La misión de *Editorial Portavoz* consiste en proporcionar productos de calidad —con integridad y excelencia—, desde una perspectiva bíblica y confiable, que animen a las personas a conocer y servir a Jesucristo.

Título del original: *The Power of God's Names*, © 2014 por Tony Evans y publicado por Harvest House Publishers, Eugene, Oregon 97402. Traducido con permiso.

Edición en castellano: *El poder de los nombres de Dios*, © 2015 por Editorial Portavoz, filial de Kregel Publications, Grand Rapids, Michigan 49505. Todos los derechos reservados.

Traducción: Daniel Menezo

EDITORIAL PORTAVOZ
2450 Oak Industrial Dr. NE
Grand Rapids, MI 49505 USA
Visítenos en: www.portavoz.com

ISBN 978-0-8254-5612-1 (rústica)
ISBN 978-0-8254-6407-2 (Kindle)
ISBN 978-0-8254-7928-1 (epub)

2 3 4 5 edición / año 24 23 22 21 20 19 18 17 16

*Dedico este libro, con toda mi gratitud,
a Doug McIntosh,
por su influencia en mi vida
y en mi formación bíblica.*

Pero yo revelaré mi nombre a mi pueblo,
y llegará a conocer mi poder.
Isaías 52:6 NTV

Contenido

INTRODUCCIÓN

¿Qué hay en un nombre? *Muchas cosas.* Sobre todo cuando hablamos de conocer a Dios por medio de sus nombres. Llegar a conocer a Dios mediante sus nombres es más que simplemente aprender un nuevo término o descubrir un título nuevo que le define. Aprender a conocer a Dios por medio de sus nombres abre la puerta para conocer más a fondo su carácter y experimentar su poder con mayor profundidad.

En las Escrituras, Dios se nos revela por medio de sus nombres. Por lo tanto, para comprender plenamente la importancia y el poder de los nombres de Dios, primero hemos de entender la importancia que tenían los nombres en las culturas antiguas. En la época del Antiguo Testamento, un nombre era más que una simple forma de nomenclatura; revelaba información importante sobre el individuo o el objeto en sí mismo.

En el entorno bíblico, un nombre es tan importante que las Escrituras mencionan frecuentemente que el propio Dios cambió el nombre de alguna persona para reflejar una nueva realidad. Abram, que significa "padre exaltado", se transformó en Abraham, que significa "padre de una multitud". Jacob, cuyo nombre significa "el que aferra por el talón" y "engañador", recibió un nombre nuevo después de pelear con Dios. Su nuevo nombre, Israel, significa "el que prevalece". En el libro de Oseas, Dios cambió los nombres del hijo y de la hija del profeta, para señalar cambios en la relación de Dios con el pueblo. Lo-ammi ("no mi pueblo") se convirtió en Ammi ("mi pueblo"), y Lo-ruhama ("la que no recibe compasión") se transformó en Ruhama ("aquella que es compadecida") (Os. 1:6-9; 2:1, 23).

11

Si pasamos al Nuevo Testamento, vemos a Jesús diciéndole a Simón, su nuevo discípulo: "Tú eres Simón, hijo de Jonás; tú serás Cefas (que quiere decir, Pedro)" (Jn. 1:42). Lo importante es que el término griego traducido "Pedro" es *petros*, que significa "roca".

En las Escrituras, a menudo un nombre connota propósito, autoridad, personalidad y carácter. De hecho, a menudo el nombre de una persona se considera equivalente a ella.

Cuando Jesús dijo: "Y les he dado a conocer tu nombre, y lo daré a conocer aún" (Jn. 17:26), se refería a algo más que a un conjunto de sonidos combinados en una palabra. En Jesús, Dios vino al mundo en la carne, y desveló su corazón, mente, voluntad, carácter y ser por medio de la revelación de su nombre.

En la Biblia, "nombre" es la traducción de la Palabra hebrea *shem* (en el Antiguo Testamento), y del término griego *onoma* (en el Nuevo Testamento). En total, "nombre" aparece más de mil veces en las Escrituras, y transmite la idea de poder, responsabilidad, propósito y autoridad. Un nombre no solo expresa la esencia y la importancia de lo que se nombra, sino también, cuando se autoriza debidamente, accede a la cualidad que transmite.

Debido a la profundidad del carácter de Dios, Él cuenta con diversos nombres que reflejan las diversas maneras en que se relaciona con la humanidad. Por ejemplo, a Dios se le llama *Elohim* cuando se revela como el Creador Todopoderoso. Es *Jehová-nisi*, la bandera de victoria del Señor (un nombre que debes conocer cuando busques la victoria en tu vida). A Dios se le conoce también como *Jehová-rafa*, o "el Señor que sana". Cuando necesitas provisión, debes conocer el nombre *Jehová-jireh*, "el Señor proveerá".

Dios tiene un nombre para cada circunstancia en la que nos encontramos. Hemos de aprender los nombres de Dios porque, cuando conocemos su carácter y su poder, hallamos reposo y descubrimos paz y poder en su cuidado de nuestras vidas, al que se ha comprometido mediante un pacto.

1

LA MAJESTAD DE LOS NOMBRES DE DIOS

Los nombres *son* importantes. Los nombres de lugar a menudo identifican la importancia histórica de una localidad. Por ejemplo, seguramente sabes que el nombre Filadelfia significa "la ciudad del amor fraternal". Jerusalén significa "la ciudad de la paz". Es posible que los sucesos actuales en esas ciudades no reflejen el significado de sus nombres, pero, a pesar de todo, los nombres son importantes cuando consideramos el pasado o el futuro.

De igual manera, los nombres de las personas a menudo nos ofrecen pistas sobre su identidad. Cuando, en Estados Unidos, una mujer recién casada sustituye su apellido por el de su esposo, manifiesta su disposición a comprometerse, ella y la misma esencia de su identidad, con el hombre al que ama. Un niño adoptado adquiere una nueva identidad al hacer suyo el apellido de sus nuevos padres.

Hoy día, los padres a menudo eligen nombres para sus bebés atendiendo a su sonido antes que a su significado, de modo que, con frecuencia, se añade luego un apodo que refleja el carácter de la persona. Si alguien tiene el apodo de Slim ("delgado"), puedes estar casi seguro de que se trata de una persona esbelta. Así, los apodos nos dicen a menudo más de las personas que sus propios nombres.

Los nombres son tan poderosos que hay algunos que los padres evitan ponerles a sus hijos. Por ejemplo, no vemos que nadie ponga el nombre de Hitler o Benedict Arnold a su hijo, porque esos nombres representan a personas tan nefastas que nadie quiere asociar a un niño inocente con estos nombres. Los nombres son importantes. De hecho, lo son tanto que a menudo nos sentimos deshonrados o insultados si alguien se dirige a nosotros usando un nombre que

13

no es el nuestro o se equivoca al pronunciar nuestro nombre una y
otra vez.

Aunque los nombres son importantes, también hemos de decir
que una persona puede tener un nombre y carecer de la cualidad
asociada con este. Por ejemplo, durante la pasada década, algunos
padres pusieron a sus hijos el nombre de Michael Jordan, esperando
que, de alguna manera, aquellos conectarían con su gran capacidad
deportiva. Algunos han llamado a sus hijos Bill Gates, con la esperanza de asociarlos con su inmensa riqueza. Es curioso, pero hay
gente en África que me ha enviado fotos de sus hijos ¡llamados Tony
Evans! Pero ¿el hecho de llevar el nombre de una persona realmente
transmite algo de valor?

No. Un niño puede llevar el nombre de una persona famosa, pero
eso no hará que el niño manifieste las cualidades de aquella. Un niño
llamado Michael Jordan puede ser torpe y carecer de coordinación.
O puede llamarse Bill Gates y ser tan pobre y falto de imaginación
como el que más. El nombre por sí solo no reviste un poder especial.
La nomenclatura no equivale a la esencia. Sin embargo, cuando ese
nombre *está* conectado con la cualidad que representa, el resultado
es poderoso.

No nos debe extrañar que, de Génesis a Apocalipsis, la Biblia
demuestre el poder de un nombre. Buena parte de los casos tiene
que ver con los nombres de Dios. Si tuviera que escribir un capítulo
sobre todos y cada uno de los nombres de Dios que aparecen en las
Escrituras, la obra ocuparía varios volúmenes.

Dios nos revela muchos de sus nombres para que podamos tener
diversas ideas de quién es Él. Un nombre, por sí solo, no puede repre-
sentar plenamente la majestad y el poder de Dios. Un nombre solo
no puede decirnos completamente todo lo que necesitamos saber
sobre esa persona a la que nos referimos diciendo "Dios".

Después de más de cuatro décadas de ministerio y seis de vida,
cada vez estoy más convencido de que Dios anhela que le conozca-
mos con mayor profundidad. Desea que todos le conozcan como es
Él de verdad. Cuando le conocemos de verdad, cuando entendemos
y experimentamos la profundidad de su bondad y de su poder, nuestros corazones se abren para alabarle.

Conocer los nombres de Dios es esencial para que comprenda-

mos y apliquemos la fortaleza y la victoria que proceden de su naturaleza multidimensional. Dios quiere que nos encontremos cara a
cara con su importancia y su sustancia.

Sin embargo, hacer esto requiere conocer sus nombres. De hecho,
a lo largo de la Biblia, cuando Dios revelaba a su pueblo un aspecto
nuevo de su carácter, a menudo lo hacía revelándoles un nombre
nuevo. Dios tiene un nombre para satisfacer las necesidades de cualquier circunstancia a la que nos enfrentemos en la vida. Sea cual sea
nuestra situación actual, Dios tiene un nombre que encaja con ella.

Cuando Dios pidió a Moisés que guiara a los israelitas sacándolos
de una situación difícil y angustiosa, capacitó a Moisés revelándole
uno de sus nombres. Moisés sabía que no podía presentarse ante
los israelitas con la autoridad de su propio nombre. "Dijo Moisés a
Dios: He aquí que llego yo a los hijos de Israel, y les digo: El Dios de
vuestros padres me ha enviado a vosotros. Si ellos me preguntaren:
¿Cuál es su nombre?, ¿qué les responderé?" (Éx. 3:13). Moisés preci-
saba conocer el nombre de Dios. Sabía que el poder y la autoridad de
Dios estaban ligados a su nombre.

Fue en ese momento cuando Dios reveló uno de los grandes
nombres de las Escrituras. "Y respondió Dios a Moisés: YO SOY EL
QUE SOY. Y dijo: Así dirás a los hijos de Israel: YO SOY me envió a
vosotros" (v. 14). Dios, el gran YO SOY, se manifestó en Egipto para
traer libertad a los cautivos y vencer a los enemigos que pretendían
impedir que el pueblo de Dios alcanzase su destino.

La llave para acceder al tesoro

Tengo la esperanza de que, a lo largo de este libro, por medio
de los nombres de Dios le conozcas como si fuera la primera vez.
Llegarás a conocerle de maneras que antes ignorabas. No solo espero
que aprendas a pronunciar algunos de sus nombres, sino más bien
que comprendas a fondo la naturaleza subyacente en cada uno de
ellos. Cuando identifiques y comprendas qué nombre se relaciona
con tu situación concreta, podrás conectarte con el poder de Dios
para librarte en esa circunstancia.

El nombre de Dios es como una llave que abre el tesoro que Dios
tiene guardado para ti. Las Escrituras nos dicen: "Torre fuerte es el
nombre de *Jehová*; a él correrá el justo, y será levantado" (Pr. 18:10).

Su nombre por sí solo es una fortaleza que ofrece libertad, seguridad y paz. El salmista nos dice: "Redención ha enviado a su pueblo; para siempre ha ordenado su pacto; santo y temible es su nombre" (Sal. 111:9).

Dios es tan increíble que tiene un nombre adecuado para cualquier situación a la que te enfrentes. Sus nombres, además, transmiten atributos o características específicas de Dios que pueden fortalecerte y darte poder en tu circunstancia. Cuando descubras el nombre de Dios aplicable a tu situación, descubrirás plenamente el poder, la potencia, el privilegio y la productividad que acompañan a ese nombre.

Su majestad

El Salmo 8 empieza con una frase muy conocida y citada a menudo: "¡Oh, *Jehová*, Señor nuestro! ¡Cuán glorioso es tu nombre en toda la tierra!". Los nombres de Dios transmiten su majestad y su gloria intrínsecas. ¡Su nombre es nada menos que la majestad pura! Descubrir y experimentar la manifestación de sus nombres en tu propia vida te introducirá directamente a la presencia de nuestro Dios majestuoso.

Cuando David escribe "cuán glorioso es tu nombre", no quiere decir simplemente "Dios, conozco tu nombre". Más bien dice: "Tu nombre es excelente". "Glorioso" significa "lleno de esplendor y de magnificencia". Y a continuación prosigue con la frase "has puesto tu gloria sobre los cielos".

Hace poco, Lois y yo hicimos un viaje a Alaska acompañados por varios cientos de patrocinadores de nuestro ministerio de radio, *The Urban Alternative*. Alaska es uno de nuestros lugares favoritos debido sencillamente a su naturaleza relajante y a su belleza inspiradora. Sin embargo, en este viaje pasó algo poco habitual. De hecho, uno de los guías del viaje, que había trabajado en más de 90 cruceros, definió ese viaje concreto como "un viaje para ateos". Lo dijo porque nunca había participado en un viaje en el que el clima fuera más perfecto. Cada día Dios parecía estar presumiendo del esplendor de su majestad. De hecho, el tiempo se mantuvo tan bueno y los cielos tan despejados, dando así a cada pasajero una visión plena de la creación de Dios, que aquel hombre dijo: "Si alguien que fuera ateo participase en este viaje, al volver a casa no podría seguir siéndolo".

En el Salmo 8, David reaccionó ante la creación de Dios diciendo: "Cuando veo tus cielos, obra de tus dedos, la luna y las estrellas que tú formaste, digo: ¿Qué es el hombre, para que tengas de él memoria, y el hijo del hombre, para que lo visites?" (vv. 3-4). Básicamente, cuando David alzaba los ojos al cielo, se sentía impresionado al ver la creación de Dios. Cuando reconocía la majestad del nombre de Dios, olvidaba la suya propia. Pero lo que más me impacta de este versículo concreto es que David optó por usar las palabras "obra de tus dedos". El uso de la anatomía humana para describir a Dios se llama "antropomorfismo". David otorga a Dios atributos humanos para que le entendamos mejor. Dado que Dios es un Espíritu invisible, a veces inspiró a los escritores de la Biblia para que le describiesen en términos humanos, para darnos una imagen mejor de su persona. En este caso, David escribió que solo necesitó sus dedos para hacer la obra maravillosa del universo.

Cuando tú o yo agarramos algo, normalmente usamos toda la fuerza de nuestras manos. Decirte que agarré algo solo con mis dedos supone decirte que no necesité usar toda la mano. Cuando David nos dice que Dios creó con sus dedos la belleza que nos rodea, subraya que Dios no necesitó sus manos, brazos, hombros... nada de eso. Para Él fue como pintar con los dedos, y lo que Dios pinta con sus dedos es más glorioso que cualquier cuadro al óleo.

En nuestro viaje, Dios nos ofreció solo un atisbo de su creación, y nos dimos cuenta de que la belleza que contemplábamos suponía una parte pequeña del mundo y del universo. Sin embargo, esa pequeña visión fue casi demasiado para que la asimilaran nuestros ojos.

Sencillamente, no era posible negar la obra de Dios cuando Él nos abrió los cielos para que viésemos la belleza prístina y maravillosa de sus glaciares, montes, lagos, ríos y fauna salvaje, todo bañado por la pura luz del sol.

Los paisajes así nos dejan pasmados. Después de todo, ¿a quién vemos al contemplar tamaña majestad? Su grandeza nos sugiere pensamientos como los de David: "¿Qué es el hombre, para que en él pienses? ¿Qué es el ser humano, para que lo tomes en cuenta?" (Sal. 8:4, NVI). Nos trae a la mente palabras como las de Job: "He aquí que yo soy vil; ¿qué te responderé? Mi mano pongo sobre mi boca" (Job 40:4).

En el Nuevo Testamento, Jesús nos dice que a menudo Dios revela sus maravillas, su excelencia y su esplendor a quienes tienen corazones de niño. Son ellos quienes reciben ojos que pueden ver la majestad de Dios. Son las personas que se tapan la boca con las manos mientras sus corazones lanzan un "¡Oh!" tremendamente profundo. Jesús dice: "Te alabo, Padre, Señor del cielo y de la tierra, porque escondiste estas cosas de los sabios y de los entendidos, y las revelaste a los niños" (Mt. 11:25).

En el Salmo 8 también leemos: "De la boca de los niños y de los que maman, fundaste la fortaleza" (v. 2). Los niños y los bebés representan a las personas que admiten su dependencia de Dios. Son aquellas a quienes su propio ingenio, su sabiduría y su astucia no les impresionan hasta el punto de que les impida ver la maravilla del propio Dios.

Amigo, si crees que lo tienes todo controlado o tienes una opinión alta de tus éxitos o tus logros humanos, cuando acabes este libro quizá sepas pronunciar los nombres de Dios, pero no es probable que experimentes el poder de esos nombres en tu vida. La majestad de Dios está reservada para quienes saben lo bastante como para saber que no saben mucho.

Conocer los nombres de Dios es experimentar su naturaleza, y ese grado de intimidad está reservado para personas que dependen humildemente de Él. Dios no compartirá su gloria con otro. Si realmente queremos conocerle, debemos humillarnos. Debemos ser conscientes de nuestra insignificancia antes de reconocer el significado que solo procede de Él. Hemos de santificar su nombre, y solo su nombre. No puedes conocer sus nombres hasta que olvides el tuyo propio.

Santificado sea tu nombre

De hecho, el Padrenuestro empieza diciendo: "Padre nuestro que estás en los cielos, santificado sea tu nombre" (Mt. 6:9). Los términos "santificado" y "santo" proceden de la misma raíz. Significan "apartar o consagrar". Por lo tanto, el nombre de Dios es santificado así. En otras palabras, no podemos mezclar el nombre de Dios con el de ningún otro ser. No debemos apilarlo con los demás ni usar su nombre a la ligera. Los nombres de Dios son santificados. Debemos honrarlos, respetarlos y tratarlos con la reverencia que merecen.

Por ejemplo, si el presidente de Estados Unidos o el gobernador de tu estado entrara en una habitación, sin duda que no te dirigirías a él usando su nombre de pila. Su cargo merece cierto grado de reconocimiento. No le dirías: "Eh, colega, ¿qué tal?". Situarías su título delante del nombre y le hablarías con respeto.

Los nombres de Dios hay que tratarlos con más respeto que el que le mostramos a cualquier otra persona. No debemos santificar solamente la verbalización de sus nombres, sino también las características que transmiten. Su nombre tiene un peso específico. Él es el Dios único y verdadero, que obra desde los cielos, y debemos tratarle como tal para poner en práctica y experimentar plenamente el poder que Él desea proporcionarnos.

Lo opuesto a esta idea la hallamos en los Diez Mandamientos, donde leemos: "No tomarás el nombre de Jehová tu Dios en vano; porque no dará por inocente Jehová al que tomare su nombre en vano" (Éx. 20:7).

Tomar el nombre de Dios en vano es lo opuesto a santificarlo. La palabra "vano" significa "vacío, sin significado". Describe algo que carece de sustancia o que incluso es perjudicial. Tiene que ver con usar el nombre de Dios de un modo que no encaja con su condición de persona. Conlleva eliminar el valor que pertenece a su nombre.

Lamentablemente, hoy día muchas personas privan de su sentido al nombre de Dios. Hacen chistes con su nombre, o incluso lo falsifican. Una falsificación es el uso no autorizado de un nombre. Aspira a obtener los beneficios y la provisión que acompañan a un nombre, pero sin tener el permiso o la autoridad para utilizarlo. Hoy día las personas invocan a menudo el nombre de Dios sin tener relación con Él. No le otorgan el honor que le corresponde, mientras al mismo tiempo esperan recibir las bendiciones que proceden de Él.

A veces usamos el nombre de Dios al principio de una reunión (como invocación) o al final (como bendición), pero le excluimos de lo que sucede entre ambos puntos. Cuando no se comprende, valora y aprecia a Dios por quien es realmente, usar su nombre es como un robo de identidad. Sin embargo, Dios es plenamente consciente de quién es y de su propia dignidad personal. No tiene una carencia de autoestima, ni está confuso respecto a su identidad.

Cuando a Dios no se le trata como se le debe tratar, no se lo toma a la ligera. No se adaptará a tu interpretación de su persona, ni manifestará su presencia en una situación en la que se menoscabe su valor o se abarate su carácter.

Dios exige que reconozcamos el valor de quién es de verdad. Él es el que es (el gran YO SOY), y es digno de recibir todo el honor. Por medio de la revelación de sus nombres a nosotros, Dios nos dice quién es Él, no quién pensamos que es o queremos que sea. Es el gran YO SOY, no el gran "Yo soy quien tú quieras que sea".

Hay demasiadas personas que intentan conformar a Dios con sus propios deseos, pero a Dios no le puede definir nadie aparte de sí mismo. Si quieres descubrir y liberar el verdadero poder de Dios en tu vida, debes conocer sus nombres como Él los revela. Debes experimentarle en la pureza de su presencia.

Tomar el nombre de Dios en vano

¿Alguna vez ha intentado alguien definirte? Esta es la persona que intenta decirte quién eres sin primero conocerte de verdad. Muchas personas intentan hacer precisamente esto con Dios. Usan su nombre, pero de una forma incoherente con su naturaleza. Esto equivale a usar su nombre en vano. Por eso, si pones la mano sobre la Biblia ante un tribunal y juras decir "la verdad, toda la verdad y nada más que la verdad", y luego mientes, cometes perjurio. Lo que has hecho es incoherente con el carácter de Dios y con su nombre. Has usado el nombre de Dios en vano.

Para encontrar una buena ilustración bíblica del uso en vano del nombre de Dios, pensemos en la serpiente en el huerto del Edén. Preguntó a Eva: "¿Así que Dios ha dicho…?" (Gn. 3:1b). El diablo no tuvo ningún problema en mencionar el nombre de Dios. De hecho, sabía que no llegaría muy lejos con Adán y Eva si no introducía a Dios en la conversación. Pero utilizó el nombre de Dios en vano; lo usó fraudulentamente.

Desde Génesis 2:4 hasta 3:1a, a Dios se le llama "el Señor Dios" (*Jehová Elohim*). Como veremos más tarde, *Elohim* hace referencia a la capacidad creativa de Dios, y *Jehová* a la autoridad relacional de

Dios con la humanidad. Satanás omitió el nombre vinculado con la autoridad de Dios sobre la humanidad y se limitó a usar la palabra "Dios". Esto es porque pretendía usar el nombre de Dios para sus propios fines, no los de Dios.

La gente hace esto constantemente cuando desean aprovecharse de la fama de las celebridades para sus propios propósitos egoístas. Por ejemplo, la mayoría habremos leído esa cita concisa que dice: "Sé el cambio que quieres ver en el mundo", y enseguida atribuimos a Gandhi estas palabras. Después de todo, Gandhi intentó producir la transformación social y, a menudo, lo hizo a costa de un gran sacrificio personal. Tendría sentido que hubiese dicho algo tan clásico y breve que cupiera fácilmente en un adhesivo para coche o en una taza de café.

Sin embargo, Gandhi no dijo esto. De sus palabras, las que más se parecen son: "Si pudiéramos cambiarnos nosotros mismos, las tendencias del mundo cambiarían también. Cuando un hombre cambia su propia naturaleza, la actitud del mundo hacia él también cambia… No es necesario esperar a ver qué hacen otros".

De hecho, si estudias la filosofía de Gandhi para el cambio mundial, entre sus pensamientos encontrarás una y otra vez la idea de que una sociedad injusta solo se puede cambiar mediante el esfuerzo de unos grupos humanos que trabajen en equipo para provocar la transformación. No sugirió que una sola persona pudiera introducir por sí sola un gran cambio.

De igual manera, a menudo se atribuye la siguiente cita a Nelson Mandela:

Nuestro mayor temor no es el de ser indignos. Nuestro mayor temor es tener un poder ilimitado. Lo que más nos asusta no es nuestra oscuridad, sino nuestra luz. Nos preguntamos: ¿Quién soy yo para ser brillante, atractivo, talentoso, fabuloso? En realidad, ¿quién eres para no serlo? Eres un hijo de Dios. Sentirte inferior no ayuda al mundo… Cuando nos liberamos de nuestro temor, nuestra presencia libera automáticamente a otros.

Un poco de investigación nos revela que esta cita es de la gurú de la autoayuda Marianne Williamson. Además, es un poco difícil de creer que una persona a la que acababan de poner en libertad, después de pasar 27 años de cárcel, hablara con tanto entusiasmo del valor de ser atractivo, talentoso y fabuloso. La cita no tiene sentido cuando uno estudia la vida del humilde y tenaz Mandela, que consiguió tanto mediante su resolución e incluso su sumisión.

A menudo la gente hace lo mismo con Dios y con la Biblia. Atribuyen diversos dichos a las Escrituras, como "A quien madruga Dios le ayuda" o "La limpieza se acerca a la santidad". Tomar el nombre de Dios en vano consiste en mucho más que lo que hace un marinero que pronuncia palabras malsonantes o un adolescente que dice "¡Oh, Dios mío!" cada dos minutos.

Tomar el nombre de Dios en vano es aplicar métodos históricos revisionistas a la definición de quién es Dios. Supone definir a Dios en función de nuestros propios deseos, en lugar de conocerle como Él se define a sí mismo.

Queremos a un Dios que podamos entender fácilmente, un Dios al que podamos contener en un adhesivo para coche o una taza de café. Pero Dios no permitirá que le confinemos a nuestras pequeñas lámparas mágicas. Sus nombres reflejan su poder, al que solamente se accede al conocer quién es realmente, no al afirmar quién queremos que sea. Conocer los nombres de Dios es conocer su poder. Pero uno solo llega a su poder cuando conoce al gran "YO SOY EL QUE SOY".

Hoy día muchas personas usan el nombre de Dios como lo hizo el diablo en el huerto: en vano. Si disociamos su nombre de su carácter, solo perpetuaremos el caos que el diablo introdujo en el mundo cuando lanzó su primer ataque contra la humanidad. Como Satanás, intentaremos redefinir a Dios usando mal sus nombres.

Temer el nombre de Dios

Dios quiere ser más para ti que una mera materia en un libro de teología. Quiere ser real para ti ahora mismo. Para conseguirlo, a veces permite que te veas envuelto en lo que parece una situación sin esperanza (o incluso *te lleva* a ella). Esto es lo que hizo con Marta y María cuando murió su hermano Lázaro. Permite que muera algo o alguien que amas para que experimentes una resurrección. Lo hace porque sabe que cuando le veas como es realmente, cuando descubras el carácter implícito en su nombre, nunca volverás a ver la vida igual.

Con esta nueva comprensión de quién es Dios, basada en sus nombres, verás toda la vida de una forma distinta, incluso tus experiencias cotidianas y ordinarias. Dios quiere que las contemples a través de unos ojos espirituales, no solo de tus ojos físicos.

Muchas personas experimentan raras veces una resurrección en sus situaciones desesperadas porque están demasiado aferradas al mundo, porque intentan definir a Dios falsamente en función de quién quieren que sea. Están tan atadas a sus definiciones y expectativas físicas de los nombres de Dios que, al final, no logran captar la verdadera revelación espiritual de quién es Él.

Muchas personas no superan los problemas en sus vidas porque, sencillamente, desconocen el poder de Dios en medio de sus crisis. Es posible que intenten *usar* el nombre de Dios en todo momento, pero no *conocen* el nombre de Dios tal como Él se define a sí mismo.

Quiero asegurarte que, independientemente de a qué te enfrentes hoy, *Dios es un Dios de esperanza, y te abrirá un camino para que experimentes la victoria en tu vida*. Pero la esperanza y la victoria que experimentes deben estar fundadas en la verdad de quién es Dios.

Cuando fijas la vista en el carácter de Dios y crees de todo corazón que sucederá lo que Dios ha dicho sobre su persona y lo que ha dicho sobre ti, podrá sacarte incluso de tus situaciones más tenebrosas. Lamentablemente, demasiadas pocas personas llegan a conocer la plenitud de la esperanza divina, simplemente porque no conocen, temen y reverencian el nombre de Dios. No consiguen conocerle como Él quiere.

En el Salmo 86:11, David escribió: "Enséñame, oh *Jehová*, tu camino; caminaré yo en tu verdad; afirma mi corazón para que tema tu nombre". Temer el nombre de Dios nos capacita para andar por sus caminos y en su verdad. Temer su nombre es la clave para vivir una vida abundante y cumplir nuestro destino.

Cuando tememos el nombre de Dios, honrándole con nuestras vidas, podemos pedir todo lo que queramos y nos será dado. Jesús dijo: "En aquel día no me preguntaréis nada. De cierto, de cierto os digo, que todo cuanto pidiereis al Padre en mi nombre, os lo dará. Hasta ahora nada habéis pedido en mi nombre; pedid, y recibiréis, para que vuestro gozo sea cumplido" (Jn. 16:23-24). El nombre de Dios, y el de Jesucristo, traen protección y provisión. Pero la clave para acceder a esa protección y esa provisión está en conocer su carácter y apreciar a la persona que lleva ese nombre.

Por ejemplo, cuanto mejor conoces a alguien, más eficazmente puedes usar su nombre en tu vida. Si no conoces bien a la persona, cuando hablas de él o de ella los demás enseguida se dan cuenta de que usas su nombre sin fundamento. Lo mismo pasa con Dios. Si ve que conoces poco su carácter y no alineas los pensamientos y las elecciones de tu vida con su gobierno supremo, podrás usar su nombre todo lo que quieras, pero lo harás sin fundamento alguno.

Temer y reverenciar el nombre de Dios supone temer y reverenciar a Dios. Supone tomarle en serio. David escribe: "Tributad a Jehová, oh hijos de los poderosos, dad a *Jehová* la gloria y el poder. Dad a Jehová la gloria debida a su nombre; adorad a Jehová en la hermosura de la santidad" (Sal. 29:1-2). Cuanto mejor comprendas los nombres de Dios, más le adorarás. Cuanto mejor veas y experimentes la manifestación de Dios por medio de sus nombres en tu vida, más le glorificarás.

Si me conoces un poco, no te sorprenderá encontrar en todos mis libros una ilustración relacionada con el fútbol americano. Me encanta ese deporte. Si has visto algún partido, habrás comprobado que cuando los jugadores hacen una gran jugada, sobre todo cuando los defensas detienen al que lleva la pelota, retroceden y levantan los brazos como las alas de un ave que despega del suelo. Es una señal para los aficionados: "¡Aplaudan!". En otras palabras, los jugadores dicen: "¿Han visto lo que hemos hecho? ¡Dennos el reconocimiento que merecemos!". El estadio resuena con el clamor del público que reconoce una gran jugada.

Una y otra vez en las Escrituras, Dios se manifiesta de forma milagrosa en las vidas de las personas, conduciéndoles a victorias, derrotando a sus adversarios, enfrentándose a enemigos, atrapando pases ganadores, etc. Si observas a Dios de cerca cuando revela las diversas facetas de su carácter por medio de la manifestación de sus nombres, le "aplaudirás". Le temerás, reverenciarás y adorarás porque habrás experimentado la grandeza y el poder del único Dios verdadero. Si prestas atención, amigo, *aplaudirás*. Le darás tu alabanza. ¿Te ha levantado Dios esta mañana? ¿Ha suplido todas tus necesidades? ¿Ha puesto comida en tu mesa, te ha mantenido a salvo, ha sanado tu cuerpo? ¿Tienes ropa que vestir, refugio y cordura? O incluso si, como Job y otros personajes bíblicos que sufrieron, has pasado por pruebas, ¿te ha ofrecido Dios la plenitud de su presencia y de su paz cuando te has humillado delante de Él?

Por todas estas cosas y más, debemos honrar y temer su gran nombre. Cuando honramos, conocemos y experimentamos sus nombres, descubrimos el poder no solo para enfrentarnos a las circunstancias de la vida, sino también para alzarnos muy por encima de ellas en la abundancia de sus misericordias y su gracia.

Ahora que iniciamos nuestro estudio de los nombres de Dios, ¡prepárate para aplaudirle! Disponte a descubrir a Dios de formas que nunca has imaginado, y a conocerle y experimentarle por medio de sus nombres poderosos y majestuosos.

2

ELOHIM

EL DIOS CREADOR PODEROSO

Hoy día, en los círculos empresariales, sobre todo en los ámbitos de las ventas, el mercadeo y la publicidad, el *"branding"* (la creación de una marca) se ha convertido en un término de moda. Esta idea conlleva la formación conceptual de perspectivas que van más allá de la mera nomenclatura, llegando al meollo y la identidad de lo que se ha sometido a ese proceso. Las empresas invierten millones de dólares en la creación de marcas, con la esperanza de convencer a sus clientes de que sus productos o servicios son valiosos.

Si te dijera la palabra Chanel, en tu mente surgiría una imagen. Si te dijera Apple, Gucci o Ford, asociarías esas marcas con un valor. Como las empresas y las corporaciones pretenden venderte sus productos, se esfuerzan mucho por vincular con su nombre, su producto o su marca una alta calidad y una asociación positiva.

Este libro explora los nombres de Dios, de manera que entender lo que contiene un nombre y la importancia que tiene es esencial para echar los cimientos de la identificación con los nombres de Dios.

The Urban Alternative, el ministerio radiofónico sin ánimo de lucro que mencioné antes, se sometió hace poco a una estrategia de *branding*. Fue tan intrigante como esclarecedor descubrir lo realmente importante que es el desarrollo de la marca, y los pasos más esenciales en el proceso.

Para el novato, el *branding* conlleva el diseño de un logo bonito, la elección de un lema o la decisión de qué colores usará la empresa en su página web o en sus materiales impresos. Sin embargo, para el experto una marca es mucho más que eso. El mejor logo, el lema más pegadizo y los colores más brillantes harán poco por aumentar el valor de una marca si al producto le falta autenticidad.

Tu marca es tu identidad, tu reputación y la percepción que otros tienen de ti. Cuando la gente habla de la marca Apple, no hablan del símbolo de una manzana a la que le han dado un mordisco. Hablan de lo que representa la compañía Apple: aparatos electrónicos de alta calidad, creativos, eficaces y de tecnología punta.

El énfasis primordial para cualquier campaña de creación de marca debería ser la fortaleza organizacional, la identidad y los mensajes. El logo mejor diseñado y más memorable no conseguirá gran cosa si no lo respalda la fortaleza de un producto y de una organización.

En su libro superventas *Brand Warfare* [La guerra de las marcas], David D'Alessandro, director gerente de John Hancock, escribe lo siguiente sobre el *branding*:

> Por definición, la "marca" es cualquier cosa en la que piensa un consumidor cuando escucha el nombre de tu empresa. Gracias a la revolución de la información, hoy día "cualquier cosa" incluye las prácticas laborales, los controles de calidad, el registro medioambiental, el servicio de atención al cliente y todo rumor que circule por Internet.*

Tu marca incluye el modo en que la gente te percibe, tu liderazgo, organización, servicio, métodos y cualquier otra cosa relacionada con cómo llegaste a ser quien eres, cómo funcionas o lo que haces. Para convencer a la mente humana es necesario mucho más que un logo; debe tocar el corazón y activar las manos. Una marca es la *creación y la puesta en práctica de un paradigma organizacional que produce una atmósfera coherente para todo aquel que entra en contacto con tu nombre.*

En otras palabras, el nombre importa. Importa tanto que los hombres, las mujeres y las compañías registran sus nombres. Lo hacen para evitar el uso no autorizado de ellos. No quieren que otras

---

* David D'Alessandro, *Brand Warfare* (Nueva York: McGraw-Hill, 2002), xiv.

personas anden usando sus nombres, aportando así un significado ilegítimo a sus marcas.

Por ejemplo, en el mundo global de las redes sociales, a veces las personas roban el nombre de otros para beneficiarse de la integridad asociada con ese nombre. He sido testigo directo de esto, durante los dos últimos años, porque un impostor ha utilizado repetidamente mi nombre en los medios sociales para pedir fondos para un orfanato en África. Por supuesto, es probable que no se trate de un orfanato legítimo, porque ese individuo usurpa el uso de mi nombre y pide que la gente le envíe dinero directamente a su cuenta bancaria. Cada vez que alguien me pregunta sobre el mal uso que se hace de mi nombre, les digo que es un fraude. Me han secuestrado el nombre.

Como ves, los nombres son importantes.

A medida que vayamos conociendo a Dios por medio de nuestro descubrimiento de sus nombres en las Escrituras, veremos que el Señor ha creado una marca para cada uno de ellos. No son meras palabras; tras cada nombre hay algo más. Las personas pueden intentar secuestrar los nombres de Dios para cualquier propósito egocéntrico, pero el nombre de Dios está registrado espiritualmente, de modo que nadie pueda acceder ilegítimamente al poder y a la autoridad vinculados con él.

Los nombres de Dios importan. A cada uno lo acompaña un conjunto de cualidades de carácter, promesas y significados. A menos que conozcas y comprendas plenamente estas cosas, corres el riesgo de no acceder a ellos o no usarlos del modo que Él ha diseñado.

En el capítulo anterior vimos la importancia y la majestad de los nombres de Dios. En este capítulo quiero que conozcas el primer nombre que Dios nos revela en las Escrituras, *Elohim*. Este nombre figura en Génesis, el libro de los principios, y lo descubrimos en el primer versículo de todos: "En el principio creó Dios [*Elohim*] los cielos y la tierra".

Estas palabras situadas al principio de los tiempos revelan una profunda cualidad del carácter de Dios: que es creador. Es la introducción de Dios, su preludio. Es la primera impresión de sí mismo que ofrece a su creación. En esencia, Dios dice: "Hola, soy *Elohim*".

Las primeras impresiones a menudo son las que permanecen. ¿Por qué optó Dios por presentársenos como *Elohim*, el Dios creador poderoso? Uno de los motivos primarios podría ser que quiere que reconozcamos que es trascendente, que es distinto a su creación. Dios no está amalgamado con ella. No es un árbol, un río o una mariposa. En lugar de formar parte de su creación, Dios está por encima de ella y es externo a ella.

Otro motivo por el que Dios se nos presenta con su nombre *Elohim* es para que sepamos que está libre de los límites del tiempo. Cuando leemos "en el principio creó Dios", discernimos que Dios creó el principio. Dios creó el tiempo. Y si Dios creó el tiempo, entonces Dios precedió al tiempo, porque no podría haber creado algo que ya existiera. Si el tiempo no empezó hasta que Él lo creó, Dios debía estar presente antes de que existiera.

Cuando tú o yo hablamos del concepto del tiempo lineal, no podemos encajar a Dios en su interior, porque Dios existe fuera del tiempo. Lo único de lo que somos conscientes que existe fuera del tiempo es la propia eternidad, de modo que Dios no está limitado por el tiempo, sino que vive en la eternidad. El tiempo es una limitación con la que tenemos que bregar, pero no es un problema para Dios.

Por eso, cuando la Biblia se refiere a Dios, usa el lenguaje de la eternidad. Además de esto, las Escrituras también se refieren a Dios en tiempo presente. Tú y yo tenemos un ayer, y también un mañana. Los tenemos porque estamos sujetos al tiempo. Sin embargo, Dios no tiene ni ayer ni mañana. Para Dios todo sucede ahora, porque no tiene ni pasado ni futuro. Es el Dios del ahora, el siempre presente.

Cuando lleguemos al cielo, entenderemos mejor qué significa estar con un Dios del ahora. Experimentamos qué es no tener noche, ni reloj que mida el tiempo que pasa, ni el transcurso de los segundos, los minutos o las horas. Conoceremos una vida sin proceso de envejecimiento. Todas las cosas estarán en el ahora, tanto si son simultáneas como si están a mil millones de años de distancia. Para siempre, todo sucederá *ahora mismo*. No te canses dándole muchas vueltas a este tema. La idea central es simplemente que *Elohim*, el Dios creador poderoso, trasciende el tiempo.

Elohim está aquí, allí y en todas partes

Elohim trasciende no solo el tiempo, sino también el espacio. En otras palabras, antecede a su creación. Existe antes que todas las cosas que ha hecho… tanto los cielos como la tierra. (Esto es lo que yo llamo un "merismo": dos palabras contrastadas que describen un todo. "Los cielos y la tierra" representan toda la creación.) Antes de que Dios crease la humanidad, creó una localización, un espacio en el que existiría aquella. Para que Dios pudiera crear ese espacio, debía estar fuera del mismo.

Tú y yo conocemos y experimentamos solamente los cielos y la tierra. No comprendemos nada que escape a los cielos y la tierra, porque existimos en ese espacio. Sin embargo, Dios existía cuando ese espacio no estaba. Por consiguiente, Dios no solo trasciende el tiempo, sino también el espacio y la materia.

Todo lo que vemos está vinculado a la materia. La materia es la sustancia de todo lo que tenemos. "Materia" se refiere a los componentes físicos del universo. Para que Dios estuviera fuera del tiempo, el espacio y la materia, debía existir en otra dimensión que no esté vinculada con esos tres factores tal como lo está la nuestra.

Si Dios no está sujeto al tiempo, el espacio y la materia, opera en otro ámbito. Ese es precisamente el motivo por el que tú y yo no podamos comprenderle. No pertenecemos a su entorno, a su dimensión. No podemos concebir todo lo que contiene esa dimensión. Somos como un engranaje en un reloj que intentase comprender los sucesos a su alrededor en lugar de limitarse a medir el tiempo.

Contemplamos la dimensión de Dios desde la perspectiva de la nuestra, lo cual supone todo un reto, porque no tenemos ni la menor idea de cómo es su dimensión. Por lo tanto, no podemos apreciar ni siquiera una parte de la dimensión de Dios, a menos que Él nos la explique.

Algunos teólogos se refieren a *Elohim* como "el Otro santo", que puede definirse como algo de lo que no somos conscientes. Sin embargo, una mirada más profunda a los nombres de Dios construidos a partir de la raíz *Elohim* revela a un Dios que también habita en el entorno que conocemos. El profeta Jeremías nos ofrece un atisbo de este delicado equilibrio de la presencia de Dios:

> ¿Soy yo Dios de cerca [*Elohei Mikarov*] solamente, dice *Jehová*, y no Dios desde muy lejos [*Elohei Merachok*]? ¿Se ocultará alguno, dice Jehová, en escondrijos que

yo no lo vea? ¿No lleno yo, dice Jehová, el cielo y la tierra? (23:23-24).

Este pasaje de Jeremías revela que Dios es tanto trascendente como inmanente. Está aquí, allí y en todas partes. *Elohim* creó los cielos y la tierra, existiendo fuera de ellos. Sin embargo, *Elohim* también llena los cielos y la tierra, existiendo en ellos. Está en todas partes de forma inmanente. El término teológico que se usa para describir esto es "omnipresencia". Dios está en todas partes al mismo tiempo.

La mejor manera que conozco de ilustrar la omnipresencia de Dios es hablando del aire. El aire existe en todas partes. Vayas donde vayas, estarás dentro de la atmósfera porque esta rodea todo nuestro planeta. Dios es como la atmósfera. Su presencia atmosférica existe en todos los lugares de la tierra.

Sin embargo, debido a su trascendencia, no está limitado a este mundo. Aquí es donde la ilustración entre el aire y Dios se viene abajo, porque cuando abandonas la gravedad de la tierra, sales del aire. Sin embargo, cuando dejas la omnipresencia divina en la tierra, Él también está en la existencia trascendente extraterrena. De hecho, otro nombre de Dios, que no tendremos espacio para examinar a fondo en este libro, nos habla de esta presencia. Se trata de *Jehová-sama*, "el Señor está allí".

Está aquí, pero también está allí. Dios está tanto allí como en el punto de partida, al mismo tiempo. Su silencio no es indicativo de su ausencia, dado que está en todas partes. Su distancia tampoco contradice su presencia.

Jehová-sama también se refiere a la ciudad de Jerusalén como un tipo de la Iglesia evangélica (Ez. 48:35). Es donde Él manifiesta su presencia en medio de su pueblo.

Elohim es personal

Con tanto hablar de que Dios está aquí, allí y en todas partes, podríamos sentirnos tentados a pensar que es como una fuente energética. Sin embargo, el nombre *Elohim* no significa que Dios sea eso. La Biblia nunca diría "Que la Fuerza te acompañe". De hecho, cuando seguimos analizando Génesis 1, vemos que el nombre *Elohim* se asocia con ciertos atributos muy personales:

Y *dijo* Dios [*Elohim*]: Sea la luz; y fue la luz. Y *vio* Dios que la luz era buena; y *separó* Dios la luz de las tinieblas. Y *llamó* Dios a la luz Día, y a las tinieblas *llamó* Noche (vv. 3-5).

Dios dijo, Dios vio, Dios separó y Dios llamó. Cada uno de estos actos revela claramente el carácter muy personal y participativo de Dios. No es un mero espíritu que flota en el País de Nunca Jamás. Pertenece a otra dimensión (y nunca debemos de perder de vista este concepto), pero también es intensamente personal. Si saltamos un par de capítulos hacia delante en el relato del Génesis, le veremos caminando por el huerto en el frescor del día, y llamado a Adán y a Eva (Gn. 3:9).

Por lo tanto, si nos referimos a Dios como una energía, un concepto, una fuerza o una teoría, no nos referimos a *Elohim*. Como *Elohim*, Dios interactúa personalmente con su creación. En otras palabras, tú y yo no vivimos en un universo impersonal. No residimos en un universo en el que no hay nadie con quien relacionarnos, alguien que está por encima y más allá, y sin embargo con nosotros.

Muchas personas que defienden la teoría de la evolución creen que el universo no tiene un Ser supremo o un Dios con quien podamos relacionarnos. Interactuamos con la naturaleza o con fuerzas invisibles e inidentificables. No obstante, nuestro universo es personal porque *Elohim* también lo es.

Elohim es plural

Elohim no es solo personal, sino también plural.

En realidad, el término *Elohim* es la versión plural de la palabra *El*, o *Eloah*. El aspecto interesante de este término en plural es que se refiere únicamente a una deidad singular. En Génesis 1 leemos: "Entonces dijo Dios: Hagamos al hombre a nuestra imagen, conforme a nuestra semejanza… Y creó Dios al hombre a su imagen, a imagen de Dios lo creó; varón y hembra los creó" (vv. 26-27).

Las Escrituras, cuando se refieren a *Elohim*, usa pronombres tanto en singular como en plural. Normalmente sus obras se describen con formas verbales en singular. Por lo tanto, por su construcción, *Elohim* es un plural, pero a menudo es una palabra en singular por su uso, que revela la composición inimitable de la Trinidad. Dios es un ser plural, aunque existe como un solo Dios.

A veces Dios introduce un concepto en la Biblia y más tarde lo explica. A esto lo llamamos "revelación progresiva". En este caso vemos la forma plural de *Elohim* en Génesis sin encontrar más pistas sobre la Trinidad. Lo único que sabemos es que *Elohim* hace referencia a más de una persona. A medida que se amplía la revelación, Dios explica la Trinidad más a fondo, de modo que cuando alcanzamos el Nuevo Testamento, leemos: "Por tanto, id, y haced discípulos a todas las naciones, bautizándolos en el nombre del *Padre*, y del *Hijo*, y del *Espíritu Santo*" (Mt. 28:19).

Allí vemos por fin a las tres personas distintas, con una sola esencia, que componen el nombre plural de *Elohim*. Nos cuesta entender cómo tres personas pueden ser una sola. La mejor ilustración que se me ocurre es la de un *pretzel*, una de esas galletas saladas en forma de ocho. Un *pretzel* está compuesto de una porción de masa cocida que forma como un nudo, aunque tiene tres agujeros claros. Estos tres agujeros están separados, pero también conectados unos a otros en la galleta salada.

Elohim es el Creador

Al principio de las Escrituras, Dios se identifica a sí mismo como *Elohim* 35 veces. De hecho, *Elohim* es el único nombre que usa Dios de Génesis 1:1 a Génesis 2:3. Más tarde, en su Palabra encontramos otros nombres que usa en la revelación personal de su carácter, pero *Elohim* es el que más se subraya al principio.

Creo que uno de los motivos de este énfasis sobre este nombre concreto de Dios es que, ya de entrada, Él quiere que entendamos su poder. La traducción literal del nombre *Elohim* es "el fuerte". Habla de la soberanía y de la autoridad de Dios, reflejando la grandeza de su poder.

El nombre *Elohim* también identifica a Dios como creador. Al principio, *Elohim* (el fuerte) creó. En la Biblia, el verbo "creó" solo se usa para referirse a Dios, nunca en referencia a los hombres. Esto se debe a que los hombres reconfiguran, recalibran o reforman cosas. La humanidad no crea nada a partir de la nada. Carecemos del poder, el ingenio y la capacidad de crear desde cero. Dios, por otro lado, *sí* crea de la nada, *ex nihilo*.

El libro de Hebreos describe la capacidad creativa de Dios: "Por la fe entendemos haber sido constituido el universo por la palabra de Dios, de modo que lo que se ve fue hecho de lo que no se veía" (He. 11:3).

El autor de Hebreos nos dice no solo que el Dios fuerte y poderoso creó las cosas visibles partiendo de las invisibles, sino también que Dios creó los mundos (plural). Y creó los planetas sin tener materias primas con las que trabajar.

Ahora bien, no sé a cuántos inventores conoces, pero es muy improbable que conozcas a uno que inventase algo a partir de la nada. Todo el que diseña, construye o crea algo en el planeta Tierra usa algo para ese fin. Solo Dios, *Elohim*, crea algo a partir de la nada.

De hecho, Dios ni siquiera tuvo que usar sus manos para crear: su palabra fue suficiente. En Génesis 1 nos maravilla que todo lo que Dios tuviera que hacer fuera mandar que el mundo existiera y tuviera orden.

Quizá este sea un motivo por el que Dios parece enfadarse u ofenderse cuando dudamos de su poder. Por ejemplo, cuando Abraham y Sara dudaron de que Dios podía concederles un hijo, Dios contestó: "¿Hay para Dios alguna cosa difícil?" (Gn. 18:14). Crear un bebé en la matriz marchita de una mujer no era nada comparado con crear los mundos a partir de la nada.

De forma parecida, cuando la virgen María se preguntó cómo ella, siendo virgen, podría dar a luz, el ángel salió directamente al paso de su preocupación: "Nada hay imposible para Dios" (Lc. 1:37).

Amigo, da lo mismo la situación a la que te enfrentes hoy o el reto que intentes superar: quiero animarte a recordar el nombre *Elohim*.

El Poderoso no necesita materias primas con las que trabajar. No necesita soluciones lógicas o tangibles para alcanzar sus objetivos. Lo único que necesita es a sí mismo, y lo único que necesitas tú es tener fe en su nombre, sabiendo que puede hacer todo lo que se proponga.

Con demasiada frecuencia nos quedamos atascados intentando dilucidar la solución para nuestros problemas. En lugar de intentar visualizar cómo enderezará Dios nuestra situación, resolver tus pruebas o arreglar tus errores, recuerda su nombre. *Elohim* puede crear algo de la nada. Lo ha hecho antes, y sigue haciéndolo hoy día. Después de todo, creó los mundos solo con pronunciar la orden de que existieran.

El acto creador de Dios hace que toda la vida sea religiosa. Dios invita a la ciencia a que estudie la creación que Él hizo, para aprender y descubrir más cosas acerca de Él (Job 12:7-9). La evolución sostiene que nadie más nada es igual a todo. Lo que pretende en última instancia es librarse de Dios. Pero los relojes tienen relojeros, los cuadros pintores, los diseños diseñadores, y la creación tiene un Creador.

En 1997, el telescopio Hubble alzó el vuelo para permitirnos contemplar a través de su lente poderosa lugares que nunca antes habíamos conocido ni visto. Por medio de este telescopio gigantesco descubrimos un impresionante número de otras galaxias aparte de la nuestra. Nuestro pequeño mundo no es más que una parte de una galaxia diminuta. Y nuestra galaxia, la Vía Láctea, no es más que una espiral pequeña y achatada cuando se la compara con la vastedad de otras galaxias. Sí, es cierto que tenemos el sol y la luna y nuestro pequeño espacio como los otros planetas que nos rodean. Sin embargo, el telescopio Hubble reveló que somos solamente uno entre muchos. En otras palabras, no somos el centro del universo, como en otra época pensamos serlo.

En realidad, los científicos informan que cada una de las entre 100.000 y 200.000 millones de galaxias que han descubierto tiene hasta 100.000 millones de estrellas dentro de ella. Y si esa cifra de entre 100.000 y 200.000 millones de galaxias, cada una con 100.000 millones de estrellas, es una cifra demasiado grande para tu mente, piensa en la galaxia de Andrómeda.

Andrómeda está a una distancia de unos 2,5 millones de años luz de nosotros. (La luz viaja a unos 299.792 km/h). Por lo tanto, si tuvieras amigos que viviesen en Andrómeda y les enviaras un mensaje a la velocidad de una onda de radio (que viaja a la velocidad de la luz), recibirías su respuesta al cabo de unos cinco millones de años. Por muy inteligente que sea tu teléfono móvil, no puedes enviar un mensaje de texto a Andrómeda.

Y lo único que hizo Dios (*Elohim*) fue *decir* algo. Se limitó a pronunciar las palabras y se formaron los mundos. (Me alegro de que no gritase.)

Por lo tanto, antes de que Dios nos muestre su amor, su paternidad o su gracia, se nos presenta como *Elohim*, el Dios grande y

Todopoderoso. Y quiere dejar claro desde el principio que es el Dios omnisciente, omnipotente y omnipresente.

Elohim es el restaurador

Hasta ahora nos hemos centrado en nuestra comprensión del nombre *Elohim* en Génesis 1:1. Sin embargo, en el versículo 2 aparece algo muy interesante y relevante para nuestras vidas cotidianas: "Y la tierra estaba desordenada y vacía, y las tinieblas estaban sobre la faz del abismo, y el Espíritu de Dios se movía sobre la faz de las aguas".

La expresión hebrea traducida como "desordenada y vacía" es *Tohu wabohu*. Esta expresión significa, básicamente, "un yermo o un vertedero". Habla de un lugar totalmente inhabitable, sin forma y carente de vida.

En ese momento, el mundo era un yermo, pero en Isaías leemos que Dios no creó ese yermo. "Porque así dijo Jehová, que creó los cielos; él es Dios, el que formó la tierra, el que la hizo y la compuso; no la creó en vano, para que fuese habitada la creó..." (Is. 45:18).

Este pasaje revela que Dios no creó algo en vano. Sin embargo, en Génesis leemos que la tierra estaba desordenada. De manera que en algún punto, entre Génesis 1:1 y Génesis 1:2, la tierra estaba desolada, lo cual es exactamente lo que pasó cuando cayó Satanás. Isaías 14 y Ezequiel 28 nos dicen que Satanás se rebeló contra Dios y fue expulsado del cielo, cayendo al planeta tierra.

Es decir, que en la tierra tenemos vaciedad y basura porque alguien echó aquí esas inmundicias. Satanás y sus demonios fueron expulsados del cielo a la tierra, haciendo que el planeta fuera inhabitable y destructivo (Is. 14:12-17). Satanás hace exactamente lo mismo en nuestras vidas por medio del pecado. Toma la belleza de la creación de Dios, la obra maestra que somos todos nosotros, e intenta convertir nuestras vidas en páramos.

Por eso es conveniente que recuerdes el nombre *Elohim* y lo tengas cerca del corazón. Las Escrituras nos dicen que *Elohim*, en su pluralidad, se cernía sobre la desolación de la vida y aportó orden, redención y belleza. Creó la luz (Gn. 1:3) y convirtió lo que había sido un pantanal en una separación entre la tierra y el agua. Hizo de la tierra un lugar habitable. Vino a algo que Satanás había arruinado y lo restauró.

Una de las grandes lecciones que aprendemos de *Elohim* es que, además de crear algo a partir de la nada, Dios puede tomar algo que el diablo ha estropeado y arreglarlo. Puede enderezarlo todo. Cuando Satanás intenta convertir tu vida en un caos, el Espíritu de Dios puede hacerla hermosa de nuevo. Cuando Satanás intenta traer muerte donde antes hubo vida, el Espíritu de Dios puede avivarte de nuevo. Eso por sí solo debería bastar para aportar esperanza al herido. Debería bastar para hacer que tu corazón se remonte otra vez al ámbito de la fe. *Elohim* es un Dios que puede transformar un desastre en un milagro. Transforma la oscuridad en luz. Transforma los rincones desolados e inhabitables de tu alma en lugares de crecimiento fértil.

Y, cuando lo hace, quiere que tú y yo le reflejemos. Génesis 1:26 nos dice cuál es uno de nuestros propósitos principales: "Entonces dijo Dios: Hagamos al hombre a nuestra imagen, conforme a nuestra semejanza". Una imagen es un espejo. Por la mañana, cuando te miras al espejo para prepararte para el nuevo día, tu imagen te mira desde el espejo. Te refleja con precisión.

Cuando Dios hizo a la humanidad a su imagen (a la imagen del *Elohim* trino, plural), le otorgó una posición más elevada que a todos los demás seres creados. No pidió a las flores que llevaran su imagen. No pidió a los animales que fueran portadores de ella, ni tampoco a los peces. Solo a la humanidad se le concedió el privilegio y la capacidad grande y maravillosa de ser reflejo de Dios.

Todos los otros seres creados dan testimonio de la majestad de Dios, pero solo la humanidad lleva su imagen. Tú y yo hemos sido creados para reflejar lo divino en la historia. Debemos reflejarle porque ha grabado su imagen en nosotros.

Un tiempo de reposo

Ahora que empezamos nuestra inmersión en las aguas profundas de los nombres de Dios es posible que digas: "Eso es estupendo, Tony. Ya he aprendido un poco de hebreo. Genial. Pero ahora en serio: ¿qué tiene esto que ver conmigo, en mi hogar cotidiano, con mis hijos alborotadores y las discusiones con mi cónyuge?". O, si eres soltero: "¿Qué tiene esto que ver con mis noches de soledad o con la búsqueda de un sentido personal? ¿Y con mi economía? ¿Y con mi salud?".

Amigo, tiene una relación directa con todo eso. Lee Génesis 2:1-3:

> Fueron, pues, acabados los cielos y la tierra, y todo el ejército de ellos. Y acabó Dios en el día séptimo la obra que hizo; y reposó el día séptimo de toda la obra que hizo. Y bendijo Dios al día séptimo, y lo santificó, porque en él reposó de toda la obra que había hecho en la creación.

El primer día, Dios creó. El segundo día, Dios creó. Los días tercero, cuarto, quinto y sexto, Dios creó. Y después de haber creado durante todos y cada uno de esos días, dijo: "Esto es bueno. Es bueno". Dios dejó la creación de la humanidad para el sexto día, de modo que esta no tuviera que vivir en las tinieblas. Esperó hasta que el resto de su creación estuvo preparada para recibir al hombre, y luego lo creó.

Por último, llegó al séptimo día y dijo: "Esto es bueno en gran manera". Hasta ese momento, había dicho que lo demás era bueno. Después de crear a la humanidad, dice que la creación era "*muy* buena". Entonces descansó, lo cual es interesante porque no parece que tuviera que trabajar mucho para hacer su obra. Después de todo, solo tuvo que hablar para que existiera. Seguramente ni se manchó las manos. Por lo tanto, cuando leemos que Dios descansó, no debemos pensar que se había cansado y dejó de trabajar.

Más bien lo que esto significa es que había acabado, que no le quedaba nada por hacer. Había concluido lo que se propuso hacer. Fue entonces cuando decidió santificar el séptimo día. Santificar algo significa separarlo como una cosa única y especial. Declaró que su día de reposo sería distinto de todos los otros días. Ten en cuenta que no santificó los días de trabajo; santificó el día de reposo.

No santificó el día en que lo preparaba todo, en que hacía todo su trabajo, en que dotaba de existencia a todas las cosas. El día que señaló como especial fue aquel en que eligió descansar. De hecho, Dios traslada este concepto del reposo durante todo el Antiguo y el Nuevo Testamento, relacionándolo también con otros temas. En el Antiguo Testamento, Dios no solo dijo que recordáramos el día de reposo para santificarlo, sino que también consagró cada séptimo año como año sabático de reposo.

A los israelitas se les mandó que dejasen descansar la tierra cada siete años, sin cultivarla (Lv. 25:3-7). Y Dios declaró que cada cuadragésimo noveno año (siete multiplicado por siete) sería un año de jubileo: la restauración del orden por medio de la introducción de los principios sabáticos de reposo y libertad (Lv. 25:8-17).

En el Nuevo Testamento nunca se nos dice que guardemos el sábado como día de reposo. De hecho, en el Nuevo Testamento leemos que no debemos permitir que nadie legisle nuestros días por nosotros (Col. 2:16-17).

Habitualmente, durante la era de la Iglesia, tenemos un día de reposo, el domingo, porque ese es el día en que Cristo resucitó de la tumba. Independientemente del día, el principio del descanso sabático sigue vigente hoy. En el libro de Hebreos, Dios nos expone el principio del descanso, sobre todo relacionado con la obra de la creación. Leemos: "Porque en cierto lugar dijo así del séptimo día: Y reposó Dios de todas sus obras en el séptimo día" (He. 4:4). Si adelantamos hasta los versículos 9-11, leemos la aplicación personal que tiene hoy para nosotros: "Por tanto, queda un reposo para el pueblo de Dios. Porque el que ha entrado en su reposo, también ha reposado de sus obras, como Dios de las suyas. Procuremos, pues, entrar en aquel reposo".

Cuando Dios concluyó todo lo que necesitaba hacer para crear los mundos y todo lo que contienen, pudo descansar. El motivo de que pudiera hacerlo es que infundió a su creación la capacidad de reproducirse.

Por ejemplo, dio semillas a las flores para que pudieran perpetuar su existencia. Dio a los animales el impulso y la capacidad de procrear. Asignó tareas a los insectos y a las aves de los cielos para que colaborasen en la polinización, con objeto de conservar la vegetación. Y cuando creó al hombre y a la mujer, les otorgó el milagro del nacimiento.

Dios solo tuvo que crear una vez. No creó y luego recreó, recreó y recreó. No, cuando *Elohim* creó los mundos, introdujo en su creación la capacidad de reproducirse durante las generaciones venideras.

Dios nos dice por medio de este pasaje en Hebreos 4 que, de igual modo, ha ordenado un reposo para nosotros. Primero, creó un descanso para el pueblo de Israel. Se le llamó la Tierra Prometida. En ella, otros ya habían excavado pozos, levantado viviendas y cultivado la tierra. Mientras los israelitas estuvieron cautivos en Egipto, Dios preparaba un lugar para ellos. Lo único que debían hacer era entrar en ese territorio y disfrutarlo.

Y ahora Dios ha dispuesto un reposo para ti. Si perteneces a Jesucristo, formas parte del pueblo de Dios. Como miembro de la familia de Dios, puedes acceder al reposo sabático que tiene para ti. Se le llama reposo sabático porque ya se ha completado.

En lugar de intentar que Dios haga algo por ti, puedes descansar en lo que Dios ya ha hecho. Ya ha preparado obras que puedas hacer de modo que camines en ellas. No tienes que hacer estratagemas, manipular o cansarte intentando vivir tu vida según la voluntad de Dios.

Las Escrituras dicen: "Porque somos hechura suya, creados en Cristo Jesús para buenas obras, las cuales Dios preparó de antemano para que anduviésemos en ellas" (Ef. 2:10). Dios ya ha hecho por ti todo lo que va a hacer. Dios ya ha planificado todo lo que harás. Dios ya se ha hecho el propósito de todo aquello que quiere que hagas en tu vida.

Tu misión como seguidor de Jesucristo no es la de intentar ser más listo que Dios, intentando trazar tu propio destino personal con tus fuerzas. Dios ya ha trazado el mapa de tu vida, y es una *buena* vida, llena de futuro y de esperanza (Jer. 29:11). Es un plan que se perpetúa solo. Lo único que tienes que hacer es obedecerle plenamente, de manera que entres en el reposo que ha planeado para ti.

No tienes que crearlo. *Elohim*, el Dios creador, ya lo ha creado. No tienes que luchar por ello. *Elohim*, el Dios poderoso, ya lo ha organizado. No tienes que ir a buscarlo. *Elohim*, el Dios personal y omnipresente, te lo revelará cuando le busques cada día.

Tu propósito lleva tu nombre. Tu paz lleva tu nombre, como lo tiene también tu provisión, tu bienestar, tu descanso. Sin embargo, ten en cuenta que los israelitas que salieron de Egipto no entraron en el reposo de Dios porque querían tirar la toalla antes de entrar en él. Querían ir por su propio camino en el desierto, y no por el de Dios. Debido a esto, perdieron el privilegio al reposo que era suyo por derecho.

Amigo, no quiero que te pierdas el reposo que *Elohim* ha creado para ti. Quiero que completes la obediencia a la que te ha llamado, y camines en sus senderos incluso cuando no parezcan tener sentido (Pr. 3:5-6). Cuando lo hagas, descubrirás que la fortaleza y el poder que proceden de un Dios Todopoderoso (*Elohim*) pueden hacer por ti cosas que ni siquiera podías imaginar.

Me encanta el pasaje de las Escrituras que nos dice que Dios se encargará de todo cuando nos sometamos a Él y le obedezcamos. Leemos: "Por demás es que os levantéis de madrugada, y vayáis tarde a reposar, y que comáis pan de dolores; pues que a su amado dará Dios el sueño" (Sal. 127:2).

Por la noche puedes dormir en paz porque eres el amado de Dios, te has sometido a su señorío y a su gobierno integral, y Él obra mientras tú roncas. Puede manejar las situaciones de tu vida, hacer las conexiones e intersecciones que necesitas, y darte sabiduría para tomar las decisiones que te acercarán cada día más al cumplimiento de su voluntad; todo esto si se lo permites, viviendo una vida de entrega a Él.

Elohim puede hacer algo a partir de la nada. Puede hacer que se convierta en algo grande incluso cuando no parezca que pase nada. Puede imponer orden al caos. Su nombre es grande porque es *Elohim*, el grande y poderoso.

3

JEHOVÁ

EL DIOS RELACIONAL

Un día, en la escuela, un niño pequeño estaba haciendo un dibujo. Cuando la maestra le preguntó "¿Qué estás dibujando?", el niño le contestó sin dudarlo ni un instante: "Estoy haciendo un dibujo de Dios".

"¿Un dibujo de Dios?", dijo ella. "No puedes hacer un dibujo de Dios. Nadie sabe qué aspecto tiene Dios".

A lo que el niño respondió: "De acuerdo, pues, cuando acabe mi dibujo, lo sabrán".

Las personas tienen sus propias ideas sobre el aspecto de Dios. Si le diera a todas las personas que lean este libro un papel pidiéndoles que me hicieran un retrato de Dios, recibiría muchos dibujos diferentes. Lo que creemos que es Dios y el aspecto que creemos que tiene son tan dispares como distintos somos unos de otros. Pero, sin duda, ninguno de nosotros podría describir con precisión quién es Dios de verdad.

Dios nunca permitió a su pueblo que dibujaran o crearan una imagen de su persona. Nada de lo creado en este mundo podría acercarse a reflejar con precisión la totalidad de su ser.

¿Alguna vez te has sacado una fotografía en una de esas cabinas que hay en los grandes almacenes? Te apretujas con un amigo y cierras las cortinas. Cuando te sientas y miras hacia la cámara, la lente te saca una foto y, unos minutos más tarde, el dispensador de la máquina te da una ristra de fotografías. La mayoría de las veces esas fotos son retratos bastante malos de tu persona. No reflejan con precisión tu aspecto real o quién eres de verdad. De igual manera, cualquier imagen de Dios que podamos imaginar será una versión imprecisa de su persona.

Nuestras mentes finitas no pueden concebir al Dios infinito. Todo lo que podemos saber de nuestro Señor se fundamenta en lo que Él nos ha revelado. El estudio de los nombres de Dios es una manera maravillosa de descubrir quién es Él. A medida que estudiemos cada nombre y profundicemos nuestro entendimiento de lo que nos revela, empezaremos a juntar las piezas que nos ayuden a comprender quién es Dios y cómo es.

En el capítulo anterior analizamos el nombre *Elohim*, el Creador poderoso. Génesis 1:1—2:3 usa el nombre *Elohim* para hablar del genio creativo de Dios y de su poder inconcebible. Se usa para mostrarnos su capacidad multidimensional, omnipresente.

A medida que avanzamos por las Escrituras, pronto entramos en contacto con un nombre de Dios con el que la mayoría de nosotros estamos familiarizados. También es el nombre que se usa con mayor frecuencia en el Antiguo Testamento, 6.519 veces. Dentro de nuestro paradigma mental contemporáneo, es el nombre más famoso de Dios. Se trata de *Jehová*.

Ten en cuenta que el término "dios" puede ser un tanto ambiguo. Muchas religiones usan la palabra "dios". Pero en la Palabra de Dios se nos revela el único Dios verdadero, su carácter, su especificidad y su identidad, por medio de sus nombres.

Vacilante ante la zarza

Para entender mejor el significado del nombre *Jehová* hemos de echar un vistazo a la vida de Moisés. En Éxodo 3 encontramos a un Moisés que lucha con su propósito. Por medio de una serie de acontecimientos, el hombre que tenía la promesa de un gran futuro se ha convertido en una persona muy insegura. Ha echado por tierra su educación privilegiada porque ha cometido un asesinato. Desde su punto de vista, lo ha hecho defendiendo a sus parientes de sangre (los hebreos) frente al pueblo que le crió (el egipcio). Los hebreos no identificaban a Moisés como uno de los suyos, de modo que cuando mató a un egipcio que había agredido a un hebreo, ellos lo consideraron simplemente por lo que parecía: el acto violento de un hombre enfurecido.

Después de este acto cruento, a Moisés lo rechazaron ambos grupos humanos, y temió por su vida, de modo que huyó al desierto y se convirtió en pastor. Cuarenta años de pastorear rebaños en la tierra de Madián habían reducido a aquel líder, en otros tiempos confiado, a alguien que se consideraba muy poca cosa.

Por lo tanto, cuando Dios se manifiesta en medio de una zarza ardiente, revelándose a Moisés y dándole una visión de su destino como guía de los hebreos a los que sacaría de Egipto, Moisés se echa atrás. Después de todo, es una petición muy intimidante. De hecho, Moisés llevaba las últimas cuatro décadas haciendo precisamente lo contrario a lo que le pedía Dios: huía de Faraón, no corría hacia él. Se había alejado de Egipto a toda prisa, no se había acercado a él.

Sin embargo, en este momento de la vida de Moisés se manifiesta un principio espiritual aplicable a todos nosotros. Verás, Dios no libró a Moisés de la ira de los egipcios solo para que quedara libre. Dios nunca libra a nadie de nada solo para beneficiar a la persona por sí sola.

El máximo objetivo de Dios es siempre su propia gloria. Los propósitos de Dios en el mundo son la propagación de su reino y de su gloria. Dios encontró la manera de que Moisés eludiera su castigo en Egipto de modo que, al final, pudiera guiar a toda una raza de personas sacándola de ese país para adorar a Dios (Éx. 8:1). Dios nunca nos libra para que le olvidemos. Dios siempre se revela a sí mismo y nos libra para que podamos adorarle y conocerle plenamente.

Sin embargo, Moisés dudó ante la zarza, motivo por el que encontramos el nombre de Dios que consideramos en este capítulo, *Jehová*. Moisés, temeroso ante la gran petición de Dios, le responde con una pregunta propia.

Según mi traducción Tony Evans, Moisés dice: «Vale, Dios. O sea, ¿que quieres que vaya a decirle a Faraón que deje marchar a tu pueblo? Eso lo entiendo, está claro. Pero, cuando lo haga, la gente empezará a hacerme todo tipo de preguntas como "¿Quién se ha muerto y te ha legado el puesto de jefe?"».

A Moisés le preocupaba lo que pensarían y harían Faraón y los egipcios, y también cómo reaccionaría el pueblo hebreo. Como leemos en Éxodo 3:13, Moisés expuso directamente su inquietud. "Dijo Moisés a Dios: He aquí que llego yo a los hijos de Israel, y les digo: El Dios de vuestros padres me ha enviado a vosotros. Si ellos me preguntaren: ¿Cuál es su nombre?, ¿qué les responderé?".

La respuesta de Dios es sucinta:

> Y respondió Dios a Moisés: YO SOY EL QUE SOY.
> Y dijo: Así dirás a los hijos de Israel: YO SOY me en-
> vió a vosotros. Además dijo Dios a Moisés: Así dirás a
> los hijos de Israel: *Jehová*, el Dios de vuestros padres, el
> Dios de Abraham, Dios de Isaac y Dios de Jacob, me
> ha enviado a vosotros. Este es mi nombre para siempre;
> con él se me recordará por todos los siglos (vv. 14-15).

Este nombre es especialmente importante, y no solo por el número de veces que aparece. *Jehová* ("YO SOY EL QUE SOY") es
importante porque Dios mismo le dice a Moisés (y esencialmente a
su pueblo elegido, Israel), que este es quien es Él. De hecho, dentro
de la cultura judía, este nombre es tan sagrado que los judíos no se
atreven a pronunciarlo por miedo a transgredir la prohibición de
tomar en vano el nombre del Señor. Por consiguiente, con el tiempo,
perdimos el contacto con la pronunciación correcta.

Incluso los escribas que copiaron la Biblia, cuando encontraban
este nombre sagrado de Dios, leían en silencio lo que acababan de
copiar, sin pronunciar el nombre.

Las cuatro consonantes en este nombre revelador de Dios forman
lo que se llama "tetragrámaton". De hecho, la traducción literal de la
palabra "tetragrámaton" es "las cuatro letras". Son las letras *yod*, *hei*,
vau y *hei*. La combinación de estas consonantes se deriva de una palabra que significa "existir". Como las cuatro letras son consonantes,
las vocales de la Palabra hebrea *Adonai* se añadieron para que pudié-
semos pronunciar el nombre.

Al principio, la transliteración del nombre de Dios YHWH fue
Yahvé. Cuando se tradujo al español, se convirtió en el nombre que
conoce la mayoría de nosotros hoy día, *Jehová*. Por lo tanto, cuando
oigas el nombre *Jehová*, ten en cuenta que es el nombre hebreo *Yahvé*,
que procede del nombre que se dio Dios, YHWH, que significa "soy
el que existe". Y siguiendo esta pauta, cuando encuentres Señor o
Dios escrito en mayúsculas, podrás saber que se trata de la traducción del término hebreo YHWH (*Yahvé* o *Jehová*).

Dios tiene muchos nombres, cada uno de los cuales refleja una cualidad concreta de su personalidad o un atributo; es importante saber cómo se nos revela en el pasaje concreto que leemos. No podemos comprenderle en su totalidad, pero podemos aprender más por medio de un mayor conocimiento y visión del nombre que elige Dios para revelarse.

"YO SOY EL QUE SOY"

Si *Elohim* es el nombre creativo y poderoso de Dios, *Jehová* es su nombre personal. Es el nombre revelador que Dios dio a Moisés cuando este le preguntó: "¿Cómo te llamas?".

Cuando estudiamos el nombre *Elohim*, estudiamos al Dios creador poderoso, y podemos hablar de su poder, su presencia y su destreza. Cuando hablamos de *Jehová*, hablamos de su persona, de su carácter.

Elohim es una faceta del Dios que creó los cielos y la tierra. *Jehová* es la faceta de Dios que se relaciona personalmente con su creación. Una persona puede creer en *Elohim* sin conocer a *Jehová*. De hecho, muchas personas creen en Dios (*Elohim*), pero no conocen al Dios en el que creen (*Jehová*). *Jehová* es el Dios que se revela personalmente a nosotros, a menudo por medio de las pruebas y tribulaciones a las que nos enfrentamos.

Una de las primeras características que descubrimos de *Jehová* es que se trata de una persona. Es el YO SOY. Esto es importante, porque nos dice que no vivimos en un mundo impersonal, como los evolucionistas quieren hacernos creer. Dios no es una fuerza que se mueve de aquí para allá. No es lo que pensamos cuando oímos la frase "Que la fuerza te acompañe". Es un Dios vivo y muy personal que tiene emociones, intelecto y voluntad.

Sin embargo, como es también "YO SOY EL QUE SOY", es un ser que existe por sí mismo. No se limita a existir, sino que existe en sí mismo.

En otras palabras, a su existencia no contribuyó ni contribuye nada fuera de Él. Todos nosotros existimos porque fuimos creados. Nos precedieron una madre y un padre. Somos porque ellos fueron. Eres porque ellos fueron, al igual que me pasa a mí. No existo porque tengo una existencia independiente, ni tú tampoco. Si no hubiera habido un "ellos", tú tampoco existirías.

Nuestra existencia depende no solo de nuestros padres, sino también de otros factores externos que nos permiten vivir, respirar y funcionar. Cada uno de nosotros está vivo ahora porque el oxígeno contribuye sin cesar a nuestra existencia. Si no tuviéramos oxígeno, nadie sobreviviría. Existimos porque nos proveen de ciertas cosas, cosas que necesitamos para comer, beber y respirar; las cosas que precisamos para vivir.

Sin embargo, cuando Dios se presentó formalmente a su pueblo y a la humanidad, lo que le dijo a Moisés fue: "Diles que Aquel que te envió no tiene que salir de sí mismo para ser quien es, porque está completo en sí mismo. YO SOY EL QUE SOY". En otras palabras, Dios es el único ser verdaderamente independiente en el universo, porque es el único ser que es el origen de sí mismo.

Pensemos en el sol. Ni tú ni yo tenemos que encenderlo, recalentarlo ni añadirle combustible. No tenemos que encender una cerilla para que se encienda. Esto se debe a que, por su propia construcción, Dios lo mantiene. Dios, por medio de su creación, nos ha dado un pequeño atisbo de cómo es la autogeneración. Por supuesto, no es un ejemplo totalmente preciso, porque el sol no podría haberse creado a sí mismo y no durará para siempre.

La autoexistencia de *Jehová* incluye su autosuficiencia, lo cual nos recuerda que Él es el grande y eterno. Dado que se genera a sí mismo, se perpetúa por toda la eternidad. Tú y yo no somos eternos en el mundo, porque somos dependientes. Pero *Jehová* es independiente, de modo que solo se necesita a sí mismo para existir en la dimensión en la que vive. Es eterno.

También es inmutable; nunca cambia. Nosotros cambiamos de continuo. Envejecemos, nuestro cabello encanece, nos salen arrugas y la piel pierde elasticidad. En muchos casos nuestra memoria ya no es lo que era. Pero Dios no pasa por ese proceso. Es quien fue, y es también quien será, porque el gran YO SOY nunca sale del tiempo presente. En otras palabras, siempre existe *ahora*.

Dios nunca puede ser irrelevante, porque siempre es actual. Dentro de mil millones de años, Dios seguirá siendo tan relevante como el primer día del mundo, porque toda la creación depende de Él. Eso es el colmo de la relevancia.

Sé que este concepto es difícil de entender simplemente porque nuestras mentes, lineales y finitas, solo entienden lo que significa pasar de un año a otro y luego al siguiente. Pasamos de aquí a allí, pero Dios puede ir de aquí allí y de allá acá al mismo tiempo. Existe como el gran YO SOY EL QUE SOY.

Otro aspecto de la autorrevelación divina es que Dios no es necesariamente quien queramos que sea. Es quien es, no quien tú o yo queramos que sea, ni se ajusta a la definición que le demos. Por lo tanto, si quieres saber quién es Dios, tendrás que dejarle definirse, simplemente porque no es "Yo soy quien dices que soy". Es *Jehová*, *Yahvé*, YHWH, el Señor, el YO SOY EL QUE SOY.

La inmutabilidad cambiante de Dios

Uno de los conceptos más difíciles con los que se encuentran a menudo los estudiosos de la Biblia es la naturaleza en apariencia contradictoria de un Dios cambiante pero que no cambia. Como dije antes, Dios es inmutable. Él no cambia.

En Malaquías leemos: "Porque yo *Jehová* no cambio" (3:6). Y en Hebreos: "Jesucristo es el mismo ayer, y hoy, y por los siglos" (13:8). Por lo tanto, la pregunta que surge es: si Dios no cambia, ¿cómo puede cambiar de idea, como lo hizo con Jonás y Nínive (Jon. 3:10) o con Moisés y los israelitas (Éx. 32:14)?

La mejor manera que conozco de explicar lo que pasa cuando el Dios inmutable parece cambiar de idea es leer ese versículo de Santiago que dice: "Toda buena dádiva y todo don perfecto desciende de lo alto, del Padre de las luces, en el cual no hay mudanza, ni sombra de variación" (1:17).

Como vemos en este versículo, y como sabemos gracias a la revelación de las Escrituras, Dios es el creador de las luces en el cielo, el creador de las estrellas y del sol. La estrella de nuestro sistema solar es el sol, cuya fuente es el Padre de las luces. El sol permanece caliente, no necesita que nadie lo caliente de nuevo. Durante estos miles de años nunca ha perdido intensidad. Sin embargo, a pesar de su inmutabilidad, con el sol va asociada una sombra transitoria, a la que llamamos "noche". Cuando llega la noche, la oscuridad cubre la mitad del mundo. Mientras la otra mitad del planeta experimenta la luz del sol, la parte que está al otro lado vive en las tinieblas nocturnas.

Como escribió Santiago, en el Padre de las luces no hay sombra de variación. Sin embargo, tú y yo tenemos que bregar con las sombras en nuestra vida cotidiana. Experimentamos las tinieblas aun cuando el sol no ha cambiado, porque cuando la Tierra gira alejando del sol una de sus caras, entramos en la sombra. El sol es permanente, constante y regular, pero la oscuridad llega porque nos alejamos.

Jehová es el Dios grande e inmutable. Es quien es, y sigue siendo quien es por toda la eternidad. Sin embargo, a veces experimentamos lo que nos parece un cambio en la forma de pensar de Dios, porque, cuando nos alejamos, nuestra distancia de Dios proyecta sombras espirituales. Él no ha cambiado; nuestra experiencia de Él se ha ajustado a nuestros giros.

La Biblia nos dice que Dios se arrepintió de su intención de destruir Nínive porque el pueblo dejó de apartarse de Él y se volvieron a Él. También se arrepintió de su plan de destruir a los israelitas porque Moisés se volvió hacia Él, apelando a la intimidad de su relación y haciéndole un ruego basado en el propio carácter de Dios, a favor del pueblo al que pastoreaba.

Cuando nos ajustamos al carácter de Dios y sus caminos o los ponemos de relieve, se proyecta luz donde antes hubo tinieblas, simplemente porque nos volvemos hacia Él.

Cuando no entendemos lo que hace Dios

A menudo Dios nos permite vernos en una situación que no tiene solución posible. Esto es para que descubramos que *Él* es nuestra solución. Nos deja tocar fondo para que aprendamos que es la roca que está en ese fondo. Nos pone entre la espada y la pared, una situación que parece confusa, incongruente y caótica. Y a menudo lo hace cuando está dispuesto a revelarnos algo nuevo sobre sí mismo, como lo hizo con Moisés.

Como vimos al principio del capítulo, Dios se reveló a Moisés en una zarza ardiente. Moisés pastoreaba su rebaño de ovejas, dando patadas a las piedras en la falda de los montes y contemplando los mismos arbustos que llevaba viendo décadas cuando, de repente, vio algo que no tenía sentido. Vio una zarza ardiendo, pero que sin embargo no se consumía. Debido a esta anomalía, se acercó para investigar. Y como se acercó a investigar, llegó a conocer a Dios y su voluntad de una forma incomparable.

A lo mejor en tu vida hay algo que no tiene sentido. Quizá incluso te parece una contradicción. Podría ser un conflicto al que te enfrentas, una decisión que debes tomar, un problema de salud o economía, un matrimonio turbulento, un hijo descarriado... lo que sea. Pero da lo mismo lo que pase: quiero animarte, basándome en el nombre de *Jehová*, que es quien se revela a sí mismo, a que hagas algo más que contemplar la zarza que arde. No permitas que la contradicción te hipnotice hasta el punto de que no veas a Dios, que quiere hablarte por medio del arbusto que arde.

Como veremos en el capítulo 5, cuando Dios dijo a Abraham que fuera al monte a sacrificar a su hijo Isaac, se podría haber quedado encallado mirando el problema. Sacrificar al hijo prometido de su propia herencia y su legado no tenía sentido. Sin embargo, en medio de aquella situación, en apariencia absurda, Abraham obedeció y miró más allá del problema, y Dios se le reveló. *Jehová* se manifestó y dio a Abraham un carnero que pudiera sacrificar en lugar de su hijo.

Cuando Dios quiere enseñarte una faceta de su persona que desconoces, normalmente lo hace en medio de un conflicto, un problema, una circunstancia... una zarza ardiente. No te quedes mirando la zarza, porque *Jehová* usa esa situación para revelarte algo sobre Él. Pero recuerda que Dios no se reveló a Moisés hasta que este se apartó. Moisés dejó lo que estaba haciendo y se volvió para ver lo que sucedía. A veces, en medio del ajetreo de la vida, la tiranía de las tareas tediosas que hemos de hacer un día y otro, no nos apartamos de la zarza.

No nos damos cuenta de que Dios intenta captar nuestra atención. Si Moisés no se hubiera acercado, quizá no habría oído de boca de Dios el plan sobrenatural para su vida, un plan que Moisés nunca podría haber trazado solo.

En realidad, cuando lo oyó, se asustó. Empezó a poner excusas sobre por qué no podía hacer lo que Dios había dicho. Se quitó importancia y recordó a Dios que ni siquiera sabía hablar bien, y menos aún dirigirse a un faraón.

Jehová respondió: "¿Quién dio la boca al hombre? ¿O quién hizo al mudo y al sordo, al que ve y al ciego? ¿No soy yo *Jehová*?" (Éx. 4:11). *Jehová* es Dios que interactúa con su creación en un nivel totalmente nuevo.

Dios hizo a Moisés y su boca, y ahora interactúa con Moisés sobre el uso de esta. Dirige, ordena y ejerce su autoridad sobre su propia creación, porque no solo es *Elohim*, el creador grande y poderoso, sino también *Jehová*, el Señor, dueño y el que existe por sí solo. En Génesis 1:1—2:3 vemos a Dios como *Elohim*, haciendo su creación. En Génesis 2:4, Dios introduce un nombre nuevo, *Jehová*, y empieza a interactuar con la creación de una manera nueva. Se involucra personalmente en el bienestar y el propósito de su creación por medio de su plan, su voluntad y su interacción.

De la misma manera que vimos a *Jehová* interactuando con Moisés y su llamamiento en Génesis 2:4, le vemos interactuando con la humanidad y su creación en Génesis 2. El Señor (*Jehová*) Dios...

"formó al hombre" (v. 7).
"plantó un huerto" (v. 8).
"hizo nacer de la tierra" (v. 9).
"tomó al hombre y lo puso en el huerto" (v. 15).
"formó toda bestia del campo y la trajo ante el hombre" (v. 19).
"hizo caer un sueño profundo sobre Adán" (v. 21).
"tomó una de sus costillas y cerró la carne en su lugar" (v. 21).
"de la costilla que tomó del hombre, hizo una mujer" (v. 22).

Nuestro entendimiento de lo que dice Dios y de cómo se revela a sí mismo es crítico. Piensa en lo que puede pasar cuando la verdad sobre su carácter se distorsiona o desaparece por completo.

En Génesis 3:1, Satanás, bajo la forma de una serpiente, se acerca a Eva. Incluso aquí vemos la revelación que hace Dios de sí mismo como el Señor Dios (*Jehová Elohim*): "Pero la serpiente era astuta, más que todos los animales del campo que Jehová Dios había hecho".

Mediante su astucia, Satanás intentó engañar a Eva alterando sutilmente el nombre de Dios. Cuando habló con ella, leemos: "dijo a la mujer: ¿Conque *Dios* os ha dicho: No comáis de todo árbol del huerto?" (Gn. 3:1). Al quitar el apelativo "Señor" (*Jehová*) que iba delante de Dios, Satanás no jugó limpio con Eva. Procuró engañarla ocultando la naturaleza relacional de Dios y, por lo tanto, el impacto relacional del acto que intentaba inducirla a cometer.

Poniendo en duda el nombre "Señor" (*Jehová*), Satanás recordaba a Eva, mediante sus propias palabras, la posición que ocupaba Dios como Señor absoluto sobre Adán y Eva. Sin embargo, no usó *Jehová* e, incluso, cuando Eva le contestó, olvidó llamar a Dios con el nombre que Él había usado para darse a conocer.

> Y la mujer respondió a la serpiente: Del fruto de los árboles del huerto podemos comer; pero del fruto del árbol que está en medio del huerto dijo *Dios*: No comeréis de él, ni le tocaréis, para que no muráis (Gn. 3:2-3).

El objetivo de Satanás era que Eva, y luego Adán, no usara el nombre *Jehová* en su asociación con Dios. No le importaba que le llamasen *Elohim*, el Creador grande y poderoso. Ese Dios podía estar distante, lejos de ellos.

Cuando el nombre *Jehová* se introduce en la conversación, Dios es un ser personal e interactivo que ideó, diseñó y creó a Adán y Eva, y los conoce íntimamente. A Satanás le daba igual que Eva reconociera a Dios; lo que no quería era que mantuviese con Él una relación personal bajo la autoridad de *Jehová*.

Al diablo no le importa que tú y que yo tengamos un poco de religión. Le da igual si vamos a la iglesia para reunirnos con *Elohim* o si hablamos de *Elohim* en nuestros trabajos, siempre y cuando no mencionemos a *Jehová*. Porque en el momento en que sacamos a colación a *Jehová*, se convierte en un Dios personal con quien mantenemos una relación. Es más fácil retorcer las cosas o añadir unas nuevas, como lo hizo Eva al decir que ni siquiera podían tocar el fruto del árbol, cuando hablamos de un ser impersonal allá a lo lejos. Resulta mucho más difícil cuando este Dios *Jehová* está justo ahí, con nosotros, conociéndonos íntimamente, cuidando de nosotros, guiándonos y teniendo autoridad como Señor de nuestras vidas.

Conozcamos a *Jehová*

Entonces, ¿cómo llegamos a conocer a Dios como *Jehová*? Éxodo 33 nos da una buena idea. "Cuando Moisés entraba en el tabernáculo, la columna de nube descendía y se ponía a la puerta del tabernáculo, y Jehová hablaba con Moisés... Y hablaba Jehová a Moisés cara a cara, como habla cualquiera a su compañero" (vv. 9, 11).

Cuando Moisés se ocupaba de la obra del ministerio, *Jehová* le habló. En medio de su relación con Dios, Moisés le pidió que le dejase verle. Le dijo: "Te ruego que me muestres tu gloria" (v. 18). *Jehová*, el Dios personal y relacional, le dio esta respuesta:

> Y le respondió: Yo haré pasar todo mi bien delante de tu rostro, y proclamaré el nombre de Jehová delante de ti; y tendré misericordia del que tendré misericordia, y seré clemente para con el que seré clemente. Dijo más: No podrás ver mi rostro; porque no me verá hombre, y vivirá. Y dijo aún Jehová: He aquí un lugar junto a mí, y tú estarás sobre la peña; y cuando pase mi gloria, yo te pondré en una hendidura de la peña, y te cubriré con mi mano hasta que haya pasado. Después apartaré mi mano, y verás mis espaldas; mas no se verá mi rostro (Éx. 33:19-23).

Moisés se había encontrado cara a cara con *Jehová* Dios, y quería conocer más. Pidió ver más. Y Dios le permitió experimentar todo lo que era capaz, porque *Jehová* es el carácter cercano y personal del Dios vivo.

¿Sabes por qué tantos de nosotros no conocemos a *Jehová* ni le experimentamos personalmente en nuestra vida cotidiana? Porque estamos demasiado ocupados y distraídos como para pedir más.

Moisés podía haberse sentido satisfecho con la zarza ardiente. Podría haberse contentado con las diez plagas milagrosas. Podría haberse contentado con la apertura del mar. Sin embargo, a pesar de todo lo que Moisés ya había experimentado de Dios y con Él, pidió más.

Demasiados nos detenemos frente a la zarza. Nos contentamos con una presentación. No obstante, como vemos al estudiar el atributo relacional de Dios tal y como se revela en su nombre *Jehová*, Dios se acercará a nosotros con la mayor intimidad posible, si se lo pedimos y le buscamos como hizo Moisés.

Moisés buscó tiempo para estar en la presencia de *Jehová* y decirle: "Señor, quiero conocerte más. Muéstrame más de ti". Si Moisés viviera hoy, a veces apagaría la televisión y la radio. Dejaría de enviar tantos mensajes de texto o de hacer tantas llamadas a sus amigos. Pasaría menos tiempo en la tienda de bricolaje o en el centro comercial. Reduciría la interferencia en la línea telefónica y apagaría el ruido que le rodease, alejando las distracciones de modo que, en la casa del Señor, pudiera pedir más.

Hoy día muchos creyentes dicen que quieren conocer a Dios. Pero cuando echamos un vistazo más de cerca a sus agendas, nos damos cuenta de que no hablan, solo hacen ruido. Mira, si un hombre quiere conocer de verdad a una mujer, busca tiempo para hablar con ella.

Señoras, si un hombre os dice que quiere conoceros pero nunca os llama por teléfono ni os envía mensajes, nunca pasa a veros ni os lleva a pasear, lo único que ha hecho es atiborrar el aire de mentiras. No querrá conoceros de verdad a menos que invierta decididamente su tiempo para hacerlo. Si un hombre realmente quiere conocer a una mujer, encontrará tiempo, lo sacará de donde sea, se acostará tarde o se levantará temprano… hará todo lo necesario para poder conocerla.

Jehová sabe cuándo balbuceamos palabras y cuándo realmente queremos conocerle. Moisés había invertido tiempo y esfuerzo antes de hacer aquella petición. De modo que Dios dio a Moisés algo que ningún otro ser humano de este mundo ha experimentado: la presencia personal y manifiesta de la gloria de Dios.

Protegido por la propia mano de Dios y metido en una hendidura de la peña, Moisés vio pasar la espalda de Dios. Comparándolo con la tecnología moderna, esto sería como ver la estela de humo que deja un avión en el cielo. No ves el avión, pero sí la evidencia de que ha pasado.

Lo que le sucedió a Moisés después de experimentar a *Jehová* de esa forma íntima es impresionante, y debe motivarnos a cada uno de nosotros a buscar a Dios y hacer que la relación estrecha con *Jehová* sea el centro primario de nuestras vidas. Después de ese encuentro, Moisés tomó lápiz y papel y empezó a escribir: "En el principio creó Dios los cielos y la tierra". Y siguió escribiendo y escribiendo hasta concluir el relato del principio de los tiempos.

A pesar de que Moisés escribió Génesis, no estaba vivo cuando sucedió todo aquello. Por lo tanto, ¿cómo pudo conocer los detalles de unos sucesos que estaban tan distantes de él? Lo sabía porque Dios le dejó ver y experimentar a *Jehová*. Permitió que Moisés viera cosas que nunca antes se habían visto, de modo que pudiera escribir cierta información de la que no tenía conocimiento intelectual.

Amigo, Dios te quiere revelar cosas que nunca has soñado. Quiere que experimentes su visión y su plan para ti. Pero eso no sucederá si solamente le conoces como *Elohim*, si solo quieres conocer su poder sin tener relación alguna con su persona. Esto solo pasará cuando llegues a conocerle como *Jehová*, como *Yahvé*, el Señor. Él es el Dios que se revela a sí mismo.

4

ADONAI

EL DIOS QUE GOBIERNA

os poetas, los filósofos, los predicadores y los eruditos de todas las edades fueron muy elocuentes cuando reflexionaron y escribieron sobre el lugar que ocupa el ser humano en el universo. Se han llenado volúmenes con los pensamientos de mentes brillantes que meditaron sobre la dignidad que Dios ha otorgado a la humanidad, y con la intuición de que hay Algo (Alguien) aún mayor.

Invictus, un poema escrito por el crítico y editor británico del siglo XIX, William Ernest Henley, plasma estos pensamientos en cuatro breves estrofas:

En medio de la noche que me cubre,
negra como un abismo insondable,
doy gracias a los dioses que puedan existir,
por mi alma inconquistable.

En las crueles garras de las circunstancias,
nunca me he lamentado ni he pestañeado.
Sometido a los golpes del destino,
mantengo erguida mi cabeza ensangrentada.

Más allá de este lugar de cólera y de lágrimas
solo yace el Horror de la tiniebla;
mas aun así la amenaza de los años
me encuentra, y me encontrará, sin miedo.

No importa cuán estrecho sea el camino,
cuán lastrada de castigos la sentencia:

soy el dueño de mi destino,
soy el capitán de mi alma.

Fundamentalmente, este poema, que a muchos de nosotros nos enseñaron a recitar en la escuela, habla de autosuficiencia, independencia y una soberanía casi divina. Sin embargo, oculta entre sus versos está la revelación de que en todos nosotros hay un vacío en forma de Dios, tanto si conocemos a Dios como Señor y Salvador como si no lo hacemos. En la primera estrofa, el poeta admite aquello que es más grande que él: "doy gracias a los dioses que puedan existir". Sin embargo, solo menciona esta idea brevemente, volviendo al final al punto de vista que tantos sostienen: "soy el dueño de mi destino, soy el capitán de mi alma".

Se trata de un poema popular, y muchos lo han recitado, pero los sentimientos plasmados en *Invictus* son una afrenta para el Dios vivo. Este poema se rebela contra un Señor y Dueño omnisciente y omnipotente. Aunque reconoce a "los dioses que puedan existir", sigue siendo un hecho que no admite, sino más bien contradice, el nombre que analizaremos juntos en este capítulo: *Adonai*.

Señor y Amo

Como *Elohim*, *Adonai* es un término plural. Siempre que se usa en referencia a Dios, aparece en plural, porque Dios es una persona plural. Solo hay un Dios, pero está compuesto por una pluralidad: el Padre, el Hijo y el Espíritu Santo.

El nombre *Adonai* aparece más de 400 veces en la Biblia y está repleto de significado. El nombre procede de la palabra singular *Adon*, que se traduce como "señor" o "gobernador". Contiene las connotaciones de dominio, gobierno y propiedad.

El trasfondo cultural para el término *Adon* se asocia con los amos que tenían esclavos. Sin embargo, no solo connotaba propiedad, sino que también transmitía la responsabilidad por el cuidado y el bienestar de los siervos. El señor debía proveer para ellos, protegerlos, guiarlos y aumentar lo que ya poseía.

Así, cuando a Dios se le menciona en las Escrituras con el plural *Adonai*, se le ve como propietario. El Salmo 97:5 dice que Dios es "Señor [*Adonai*] de toda la tierra". No solo es el Creador (*Elohim*), sino también su Dueño (*Adonai*). Dios manifiesta esta propiedad en su Palabra: "Porque mía es toda bestia del bosque, y los millares de animales en los collados" (Sal. 50:10).

El concepto bíblico de la propiedad

En el Nuevo Testamento, a menudo los apóstoles se llamaban "siervos" o "esclavos" de Jesucristo. Usaban estas expresiones para que todos supieran que pertenecían a Cristo. Se trata de una afirmación importante, no de un mero sentimiento, porque la propiedad va acompañada de determinadas responsabilidades y deberes.

De hecho, por mucho que fastidie a muchas mujeres, la Biblia incluso aplica el concepto de propiedad a la relación entre un esposo y su mujer. En 1 Pedro 3:6 leemos que Sara llamaba "señor" a Abraham. La palabra griega traducida como "señor" en este pasaje es *kyrios*, el equivalente griego del vocablo hebreo *Adon*, la forma singular de *Adonai*, un nombre plural de Dios.

Cuando Sara llamaba a Abraham su *kyrios* ("señor" o "dueño"), admitía el grado de propiedad que Abraham tenía sobre ella. Pero lo que es más, también reconocía la responsabilidad que su marido tenía para con ella.

He sido pastor durante casi cuarenta años. La actividad de pastorear una iglesia de miles de personas incluye muchas peticiones constantes de consejería. Cuando he realizado consejería matrimonial, frecuentemente he oído a mujeres que se quejaban de este concepto. Pero creo que la comprensión auténtica del peso total que tiene el término puede proporcionar, en realidad, una sensación más grande de libertad a las mujeres inmersas en la relación matrimonial.

Déjame que intente ilustrar esto con una conversación que tuve hace poco con mi nuera Kanika. Está casada con mi hijo menor, Jonathan. Un día estábamos hablando de su embarazo y de cómo habían previsto educar a su nuevo hijo, y me dijo que antes de confiarme los planes definitivos tenía que consultar un tema con Jonathan. A lo cual contesté: "Kanika, una pregunta sincera: ¿alguna vez te frustra que, como mujer, tengas que consultar primero con tu marido determinadas cosas? ¿No te molesta nunca?".

La respuesta de Kanika fue más rápida que mi pregunta. Me di cuenta de que ya lo había pensado antes. Su respuesta fue: "En realidad, eso no me frustra. De hecho, lo prefiero".

Como la respuesta me interesó, quise profundizar: "¿Por qué lo prefieres?".

"Porque me recuerda que, en definitiva, él es responsable. Si hay algún problema, se lo paso a él. Si algo se tuerce, se lo confío a él. Sabiendo que él se encarga me puedo relajar".

En otras palabras, a Kanika la confortaba saber que Jonathan cumpliría su rol como marido siendo responsable de su familia. Bajo esta luz, no le importaba consultarle las decisiones definitivas, porque entonces él también estaría allí para manejar las cosas si más adelante las decisiones conducían a situaciones difíciles.

La propiedad tiene mucho más que ver con la responsabilidad que con el mero dominio. Los maridos no pueden ir por ahí diciendo "Soy el señor [la cabeza] de esta familia, como Abraham". Como marido, debes *ser* el señor (o cabeza). Debes ser responsable. Los maridos deben aceptar su rol como cabeza, no solo usar el término. Debes cuidar de tu esposa, cubrir sus necesidades, guiarla y protegerla. Lamentablemente, hoy día muchos hombres esperan que se les confiera el título *adon* sin aceptar la responsabilidad que lo acompaña.

Dios, en su papel de *Adonai*, cumple todas las responsabilidades de la propiedad. Alimenta, protege, vigila, guía, cuida… y mucho más.

El cuerpo envejecido de Abram

El primer uso del nombre *Adonai* en la Biblia aparece en el libro de Génesis.

> Después de estas cosas vino la palabra de Jehová a Abram en visión, diciendo: No temas, Abram; yo soy tu escudo, y tu galardón será sobremanera grande. Y respondió Abram: Señor Jehová [*Adonai Jehová*], ¿qué me darás, siendo así que ando sin hijo, y el mayordomo de mi casa es ese damasceno Eliezer? (15:1-2).

Dios había prometido a Abram que le convertiría en una gran nación y que le daría un heredero, un hijo, aun siendo anciano. Lo interesante es que Dios hizo esa promesa a Abram como *Yahvé* (*Jehová*), el Dios que se revela a sí mismo.

Esto se parece a acudir a la iglesia o a escuchar a alguien que enseña sobre la Biblia. Oyes la Palabra de Dios, lo que Dios ha dicho. Cuando llegas a entender a Dios y sus planes basados en su Palabra, te encuentras con *Jehová*, Aquel que se te revela.

Entonces, como Abram, a menudo tomarás una decisión o harás algo basándote en lo que Dios te haya revelado. Abram respondió a Dios trasladando a su familia a la Tierra Prometida. De hecho, llevaba allí una década cuando leemos su historia en Génesis 15.

Entre Génesis 12 y 15 hay un espacio de diez años. Dios hizo su promesa, pero aun así el bebé no llegaba. Esto, como es lógico, induce a Abram a preguntarse qué está pasando. Abram recuerda lo que dijo Dios, pero, sin embargo, ve que no ha sucedido nada de eso. De modo que vuelve a interpelar a Dios para descubrir a qué se debe ese lapso de diez años y cuándo se cumplirá la promesa.

Fíjate en las diversas maneras en que aparece la Palabra "Señor" en los dos primeros versículos de Génesis 15. En el primero se escribe *Jehová* (*Yahvé*). Sin embargo, en el versículo 2 solo se pone en mayúsculas la "s" de "Señor Jehová", porque el término hebreo es *Adonai*. Abram había oído lo que dijo Dios cuando se reveló a sí mismo y su plan, pero aún no había visto el cumplimiento de la promesa divina, de modo que apeló al carácter de Dios como propietario.

¿Te ha pasado esto alguna vez? Has oído la Palabra de Dios y has creído que Dios te ha revelado algo, pero no has visto que suceda. De hecho, quizá pasó mucho tiempo desde que creíste que Dios te reveló su voluntad, pero aun así no sucedió nada.

Después de transcurrida una década, Abram no perdió el tiempo y apeló a Dios como Señor y propietario absoluto. Entonces el Señor (*Jehová*) revela incluso más cosas a Abram:

> No te heredará éste, sino un hijo tuyo será el que te heredará. Y lo llevó fuera, y le dijo: Mira ahora los cielos, y cuenta las estrellas, si las puedes contar. Y le dijo: Así será tu descendencia (Gn. 15:4-5).

Abram creyó al Señor y le fue contado por justicia. Entonces, Abram apeló a Dios una vez más, en su calidad de Dueño y Señor, cuando le preguntó: "Señor [*Adonai*] *Jehová*, ¿en qué conoceré que la he de heredar?" (v. 8).

Estudiar qué nombre usa Dios cuando se revela a Abram y qué nombre usa este cuando le responde nos ofrece una mirada más clara sobre la naturaleza polifacética de Dios. Abram estaba sumido en una situación desesperada. A punto de cumplir 100 años, era viejo y desapasionado. En aquel momento no le podría haber ayudado ni una superviagra. Contribuir a que su esposa concibiera un hijo parecía una verdadera imposibilidad.

Hubiera sido mucho más fácil que Dios programara la concepción de Isaac unos diez años antes, cuando hizo la promesa a Abram, pero ahora las cosas no pintaban bien. Sin embargo, a menudo Dios demora el cumplimiento de sus promesas hasta que ve un corazón de entrega y sumisión. De hecho, la sumisión a Dios como Señor y Dueño absoluto (la sumisión a Dios como *Adonai*) puede afectar al momento en que se cumplan sus promesas en tu vida. Además de esto, en Génesis 15 vemos que la sumisión afecta también a nuestra comunicación con Dios y fomenta nuestra intimidad con Él.

Si adelantamos unos pocos versículos hasta el 15:18, leemos algo acerca de esta intimidad. "*En aquel día* hizo Jehová un pacto con Abram". Tengamos en cuenta que un pacto es un acto relacional vinculado a un amor íntimo (*chesed*, "relativo al pacto").

El sometimiento de Abram a Dios como Señor, Gobernador y Dueño durante toda la conversación plasmada en Génesis 15 abrió la posibilidad de que Abram escuchase más, de que Dios le diera más y de que el pacto se restableciese aquel día.

La mejor manera que conozco para ilustrar esto usando nuestro lenguaje contemporáneo es con la expresión "Sí, señor", "Sí, señora". Por supuesto, estas palabras no siempre tienen mucho peso específico, sobre todo si no son más que un gesto cultural relacionado con la educación recibida. Sin embargo, cuando se pronuncian con el máximo grado de respeto y de significado que se les puede atribuir, pueden abrir el camino a una mayor comunicación, a una mayor revelación, a una respuesta más pronta y a una mayor intimidad en cualquier circunstancia.

Lo que denotan estas palabras, sencillamente, es la entrega de la sumisión. El sometimiento es un instrumento poderoso en nuestras relaciones con el Dios *Adonai* Todopoderoso. Lamentablemente, hoy día son demasiados los cristianos que se contentan con *Jehová* sin experimentar el poder pleno de *Adonai*. Para experimentar todo lo que puede hacer Dios por sí como Gobernante, Señor y Propietario de tu vida, debes someterte a Él con conocimiento y con voluntad. Esto significa que quien manda es Dios. Él es quien tiene la última palabra en tus decisiones. Cuando tomas decisiones y decides cómo emplear tu tiempo, tienes en cuenta el punto de vista de Dios.

Muchas personas quieren que Dios haga lo que su Palabra dice que puede hacer, pero no le dan derecho de propiedad sobre sus vidas. Dios no revelará más de sí mismo como *Jehová* (revelándote más de sí mismo y de sus caminos) si te muestras reacio a confesarle como *Adonai*. Si no estás dispuesto a renunciar a la propiedad sobre tu tiempo, pensamientos, talentos y tesoros, y entregárselos a Él, el flujo de información se interrumpe. En lugar de ver cómo Dios cumple plenamente su palabra en tu vida como un río, vivirás un goteo.

Uno de nuestros problemas en el cuerpo de Cristo es que tenemos a demasiados cristianos que quieren que Dios nos lleve al cielo pero no que Dios sea su dueño en este mundo. Sin embargo, a menos que confieses a Dios como *Adonai*, tu experiencia de su revelación de sí mismo como *Jehová* será limitada. Es posible que escuches su Palabra e incluso que digas: "Las promesas de Dios son sí y son amén", pero el cumplimiento de esas promesas en tu vida a menudo va asociado con tu sometimiento a Él como *Adonai*.

Si Dios debe asumir la responsabilidad de hacer algo contigo, debe tener el derecho de ser tu dueño. Ningún propietario de este mundo invertiría en algo a lo que no puede acceder legítimamente o sobre lo que puede afirmar su propiedad, y Dios tampoco lo hará.

Cuando Abram se sometió a Dios como *Adonai*, recibió la promesa de un hijo, una revelación ulterior y un pacto íntimo. De hecho, incluso recibió un nombre nuevo: Abraham, "el padre de las naciones".

Los balbuceos de Moisés

Acabamos de echar un vistazo al modo en que el sometimiento de Abraham a Dios como *Adonai* afectó al momento en que Dios hizo un pacto con él, a la comunicación de Dios con él e incluso a su intimidad con aquel hombre.

En la vida de Moisés tiene lugar otro ejemplo de esto. Como vimos en el capítulo 3, Moisés se había oxidado un poco y había perdido confianza en sí mismo después de pasarse cuatro décadas siendo pastor en el desierto. Cuando Dios se le manifiesta en medio de la zarza ardiente, dándole la mayor comisión de su vida, Moisés vacila.

> Entonces dijo Moisés a Jehová: ¡Ay, Señor! [*Adonai*] nunca he sido hombre de fácil palabra, ni antes, ni desde que tú hablas a tu siervo; porque soy tardo en el habla y torpe de lengua. Y Jehová le respondió: ¿Quién dio la boca al hombre? ¿o quién hizo al mudo y al sordo, al que ve y al ciego? ¿No soy yo Jehová? Ahora pues, ve, y yo estaré con tu boca, y te enseñaré lo que hayas de hablar. Y él dijo: ¡Ay, Señor! [*Adonai*] envía, te ruego, por medio del que debes enviar (Éx. 4:10-13).

Básicamente, Moisés empieza diciéndole a Dios que no puede hacer aquello que le ha pedido. Moisés no se siente calificado para hablar a Faraón en nombre de Dios. Cree que hacerlo exigiría cierto grado de oratoria, un título universitario, notoriedad… cualquier cosa que respaldara su credibilidad. Está convencido de que no posee la materia prima o los dones naturales para hacer lo que Dios dice. Duda del llamado de Dios en su vida.

Sin embargo, Moisés reconoce que, a pesar de su inseguridad, Dios está al mando. Dios es su dueño. Moisés se dirige a Dios diciendo *Adonai*, exponiendo respetuosamente su timidez. Al hacerlo, Moisés confiesa que Dios es quien dirige el mundo. Quizá Moisés no entienda cómo puede ser posible aquel plan, pero conoce lo bastante como para saber que Dios es *Adonai*, de modo que le habla como Aquel que manda.

A lo cual Dios responde que es el creador de las bocas, lenguas y todo lo necesario para realizar su plan en el mundo. En esencia, Dios dijo a Moisés que incluso cuando las personas no son capaces de cumplir su llamado en sus vidas, si le reconocen como *Adonai*, puede darles la capacidad que necesitan. Dios no siempre llama a los más preparados, pero siempre prepara a los llamados.

Puedo escribir sobre esto con toda confianza no solo porque lo dicen las Escrituras, sino también porque lo he experimentado en mi propia vida. De hecho, a medida que iba haciéndome mayor me pude identificar con Moisés de diversas maneras.

A menudo tenía problemas para hablar. De hecho, algunas personas dirían que tenía muchos problemas. Hubo una época en la que tartamudeaba tanto que nadie me entendía. Apenas lograba pronunciar una palabra entera. Sin embargo, en otros momentos, según los comentarios de mis profesores en los informes que enviaban a mis padres (mi madre los ha guardado todos), a menudo también intentaba hablar cuando no debía hacerlo. Tal como lo expresó una maestra, yo levantaba la mano para responderle incluso antes de escuchar la pregunta. Cuando era niño, sentía el deseo de hablar, pero me faltaban las habilidades necesarias. Parece ser que nunca encontraba el momento adecuado.

Mis maestros nunca sospecharon que un día me ganaría la vida como conferenciante. "Anthony presenta dificultades para expresarse oralmente", escribió una maestra. Yo no era precisamente alguien a quien esperases que llamaría Dios a predicar la Palabra ante decenas de miles de personas a la vez.

Sin embargo, así es como obra Dios a menudo. Cuando nos entregamos a Él como Señor y Dueño de nuestras vidas, toma la materia prima de nuestra existencia humana y derrama su poder sobre nosotros, nos insufla su gracia y nos da de su Espíritu. Hace que todo salga bien a pesar de lo escasas que sean nuestras capacidades.

Por eso es importante que nunca permitas que lo que te dicen otras personas, o lo que dicen de ti, limite lo que puedes hacer por Dios y por su reino. Cuando Dios es tu *Adonai*, cuando te sometes a Él, otorgándole el control pleno para guiarte y dirigirte conforme a su voluntad, puede usarte de maneras que asombrarán a las personas que conociste en otros tiempos. Dios puede darte una capacidad sobrenatural para hacer lo que no puedes hacer por naturaleza. Lo hizo por Moisés. Lo hizo por mí. Lo ha hecho por muchos, y *Adonai* puede hacerlo por ti.

Amigo, no hay nada como experimentar al propio Dios que hace por medio de ti algo para lo que careces del trasfondo, los dones o la educación como para hacerlo por tu cuenta. A lo mejor no tienes muchos títulos, pero te animo a que sepas lo que debes saber para que, como Moisés, clames a *Adonai* y te sometas a Él. Te animo a que le reconozcas como tu Señor, Rey y Dueño.

Ni siquiera has empezado a ver lo que puede hacer Dios si se convierte no solo en tu *Elohim*, el Dios de la creación que hizo los cielos y la tierra, sino también en tu *Adonai*, el Señor, Gobernador y Propietario de tu vida. Lamentablemente, muchas personas se contentan con el Dios de la creación. De hecho, se contentan con muchos de los nombres de Dios, pero rechazan con firmeza este: *Adonai*.

En el Nuevo Testamento, a menudo nos referimos a este concepto como el señorío de Jesucristo. Cuando Dios es tu *Adonai*, cuando Jesús es tu Señor, siempre tiene la última palabra. Esta es la verdadera entrega. Tu respuesta a Él es: "Sí, Señor Dios. Lo que tú digas, Señor. Confío en ti, Señor. Seguiré tu voluntad".

Si quieres ver cómo Dios libera su poder en y por medio de tu vida, nunca uses las palabras "no" y "Dios" en la misma frase. Moisés, un pastor humilde en los desiertos de Madián, confesó a Dios como *Adonai*, y Dios le dio la capacidad de conducir a toda una nación desde la esclavitud a la libertad. Piensa lo que puede hacer *Adonai* en tu vida.

El historial pobre de Gedeón

Amigo, puede que sientas que no estás calificado para hacer las cosas que Dios te ha llamado a hacer, y a lo mejor es así. Pero recuerda que Dios puede capacitarte. Hemos visto lo que hizo con Abraham y con Moisés, y Dios hizo lo mismo con un hombre llamado Gedeón. Cuando Gedeón reconoció a Dios como *Adonai*, su propia historia también cambió.

Conocemos a Gedeón en un momento en que su pueblo, los israelitas, estaban siendo acosados por los madianitas. Jueces 6:2 nos dice que: "la mano de Madián prevaleció contra Israel". Dios permitió que los madianitas, un pueblo pagano, oprimieran a los israelitas porque estos habían empezado a hacerse dioses falsos y a adorar a ídolos.

Los israelitas clamaron a Dios (*Jehová*) para que les ayudara y

libertara (vv. 6-7). Estaban cansados de que los madianitas los domi-
naran, y empezaron a pedir a Dios que hiciera algo al respecto.

A lo mejor todo lo que hay en tu vida parece haberse puesto en tu
contra y te ha derribado, y aun así no has visto que Dios intervenga.
Por lo tanto, clamas a Él para que insufle esperanza en una situación
donde no la hay. Esto es exactamente lo que hicieron los israelitas.

Cuando lo hicieron, el ángel del Señor vino a Gedeón y le dijo
que el Señor (*Jehová*) estaba con él, y que Gedeón era un "varón
esforzado y valiente" (v. 12). Sin embargo, Gedeón se sentía de todo
menos guerrero valiente.

> Y Gedeón le respondió: Ah, señor mío, si Jehová está
> con nosotros, ¿por qué nos ha sobrevenido todo esto?
> ¿Y dónde están todas sus maravillas, que nuestros pa-
> dres nos han contado, diciendo: ¿No nos sacó Jehová
> de Egipto? Y ahora Jehová nos ha desamparado, y nos
> ha entregado en mano de los madianitas. Y mirándole
> Jehová, le dijo: Ve con esta tu fuerza, y salvarás a Israel de
> la mano de los madianitas. ¿No te envío yo? (vv. 13-14).

Tras recibir este encargo, Gedeón se pregunta en voz alta cómo
puede ser posible. Después de todo, en su familia no ha habido tradición militar. Tampoco es el mayor de sus hermanos. Aun así, reco-
nociendo el gobierno y la autoridad de Dios, Gedeón vierte sus dudas en la copa del sometimiento: "Ah, señor [*Adonai*] mío, ¿con qué
salvaré yo a Israel? He aquí que mi familia es pobre en Manasés, y yo
el menor en la casa de mi padre" (v. 15). En otras palabras: "Señor,
no estoy a la altura. No tengo el historial o las credenciales necesarias
para hacer lo que me has dicho".

Sin embargo, cuando Gedeón reconoció a Dios como Señor y
Rey, sus calificaciones no importaron. Dios, su dueño y Aquel que
le llamaba, dijo: "Ciertamente yo estaré contigo, y derrotarás a los
madianitas como a un solo hombre" (v. 16).

Gedeón derrota a los madianitas en el nombre de Dios y con su
poder. Me encanta la historia de Gedeón porque es una ilustración
muy gráfica de la capacidad que tiene Dios para usar a cualquiera de

nosotros a pesar de nuestro trasfondo personal o de nuestra procedencia.

Cuando tú o yo nos inclinemos ante nuestro Dueño, el Todopoderoso *Adonai*, y pongamos ante Él nuestras inseguridades, dudas y vacilaciones, nos sorprenderemos viendo una y otra vez cómo Dios se manifiesta en los lugares más insospechados, y usa a las personas más improbables: tú y yo.

Cuando Dios sea tu *Adonai*, le verás vencer a los madianitas en tu vida. Le verás derrotar a las personas que te oprimen y te impiden maximizar su llamado sobre tu vida y tu potencial espiritual.

Los madianitas de este relato representan las diversas fortalezas que mantienen a las personas oprimidas, adictas o derrotadas. Entre ellas se cuentan las adicciones químicas, las influencias negativas, la escasa autoestima y las personas que intentan que no vivas tu destino. Pero Dios deja claro que, cuando Él es tu *Adonai*, le verás hacer cosas por medio de ti como tu *Jehová*. Revelará los caminos y los planes sorprendentes que tiene para ti, estrategias que nunca se te habrían ocurrido solo.

No hay plan B

Esto es lo que hizo con Gedeón. En Jueces 7 encontramos a Gedeón y a más de 30.000 israelitas a punto de enfrentarse a los madianitas. Dios sabía que Gedeón le consideraba Señor y Rey (*Adonai*), y que obedecería su voluntad y se sometería a ella, de modo que Dios le reveló un plan que redujo el ejército de 30.000 soldados a solo 300 hombres. Trescientos hombres más *Adonai* valen más que un ejército de varios miles.

Gedeón y sus 300 hombres derrotaron a los madianitas porque reconocieron a Dios como Rey y Señor. No discutieron. No buscaron un plan B. No intentaron racionalizar las cosas y mantener a más soldados ocultos en los flancos. Gedeón sabía que, para ganar esa batalla y derrotar al enemigo, tendría que hacer las cosas al modo de Dios. Tendría que reconocer a Dios como *Adonai* y someterse a Él.

A veces eso cuesta. Es difícil ver a Dios como Rey y Señor cuando hay tantas otras cosas que compiten para ocupar ese lugar. Nosotros mismos, nuestros pensamientos, otras personas en nuestras vidas…

hay muchas cosas y otras voces intentan dictar nuestras decisiones. No debemos permitírselo.

Vemos esto ilustrado también en la vida de Isaías. "En el año que murió el rey Uzías vi yo al Señor [*Adonai*] sentado sobre un trono alto y sublime, y sus faldas llenaban el templo" (6:1). Fijémonos que Isaías vio a Dios como *Adonai* el mismo año que ese rey humano, Uzías, murió. ¿Por qué es importante esto? Porque a menudo los reyes humanos parecen ser la clave de nuestra victoria.

Cuando buscamos a otros para que nos aconsejen o para tomar decisiones, tienen mucha influencia sobre nosotros. Sin embargo, cuando murió el rey humano de Isaías, se le permitió ver quién era el verdadero Dueño y Rey de todas las cosas. El rey Uzías no podía tomar más decisiones por la nación por quien tanto se preocupaba Isaías, pero *Adonai* seguía sentado en el trono, y seguía dirigiéndolo todo.

A veces no podemos ver a *Adonai* hasta que Él permite que algo muera en nuestras circunstancias. Permite que esa cosa, persona o idea de la que dependemos pierda su influencia sobre nosotros. Puede que esto no conlleve la muerte física, pero sucede algo que nos impide seguir dependiendo de aquello de lo que antes dependimos. Puede permitir que perdamos un empleo, que nuestra economía se resienta o que salga de nuestra vida una persona sin la que pensábamos que no podríamos vivir.

Sea lo que fuere, Dios a menudo permite que pase esto de modo que podamos descubrir de verdad que Él lo dirige todo y que podemos fiarnos de Él; que es el propietario de todas las cosas.

El reconocimiento frente al sometimiento

Las Escrituras nos dicen que cada uno de nosotros vino a este mundo sin nada, y que cuando lo abandonemos, no nos llevaremos tampoco nada. Todo lo que tenemos en el mundo es un préstamo. No somos más que prestatarios de los recursos de Dios. Siendo así, Dios espera que le reconozcamos como *Adonai*. Hay demasiadas personas que quieren usar el nombre de Dios y lo que Él ha hecho sin admitir su señorío sobre todo lo que Él hizo, incluyéndolas a ellas.

De hecho, la Biblia nos dice que si eres creyente y seguidor de Jesucristo, incluso tu cuerpo le pertenece. "No sois vuestros, porque habéis sido comprados por precio" (1 Co. 6:19-20). Dios tiene derecho a *todo* lo que eres: tu espíritu, alma y cuerpo.

Amigo, a menos que Dios sea dueño de todo tu ser, no podrás experimentar todo de Él. Sí, podrás leer mucho sobre Él en su Palabra, pero la experiencia que tengas de Él está vinculada a tu reconocimiento de que Dios es *Adonai*.

No soy un fanático de los ordenadores. No utilizo uno. Pero sí que tengo un iPad, así que sé que necesitas una contraseña para acceder a algunas de las cosas que contiene la tableta, como por ejemplo el e-mail.

En términos espirituales, entregarse a Dios como *Adonai* es la contraseña para que *Jehová* se manifieste en tu vida. "Sumisión" es la contraseña que permite a Dios expresarse, revelarse y manifestarse en tu vida.

Jesús lo expresó de esta manera: "¿Por qué me llamáis, Señor, Señor, y no hacéis lo que yo digo?" (Lc. 6:46). Reconocer a Dios y entregarse a Él como *Adonai* son dos cosas muy distintas. *Adonai* va acompañado de obediencia. Lleva consigo un sacrificio. *Adonai* exige un corazón que sigue lo que dice Dios y le reconoce como el dueño que manda sobre todo.

Llevar tu vida con independencia de Dios es como llamarle "Señor, Señor" pero sin hacer lo que Él dice. El problema es que cuando gestionas tu vida, tu economía y tus decisiones independientemente de Dios, Él no puede cumplir su responsabilidad completa sobre ti. No se te impondrá a la fuerza. Te permite hacer las cosas como quieras y vivir con las consecuencias.

A menos que aceptemos el señorío (*Adonai*) en nuestras vidas, la revelación de Dios a nosotros y el uso que haga de nuestras personas serán limitados. No le verás llevarte a un nivel más profundo, porque a las únicas personas a las que lleva allí son a aquellas que se entregan a Él como su dueño.

Dios puede hacer más con menos personas que son suyas que con muchas que solo le reconocen como Creador. Como descubrió Gedeón, 300 más *Adonai* valen mucho más que 30.000 sin Él. Tú más *Adonai* es mucho más que 100 como tú sin su señorío. Someterse a Dios como *Adonai* significa someter tu voluntad a la suya, tus caminos a los suyos, tu persona a la suya.

Comparemos esto con un vaquero que intenta domar a un caballo salvaje. La primera vez que intenta subirse a su lomo, el caballo deja claro que no quiere que nadie lo intente. Por lo tanto, el vaquero se propone domar al caballo, someterlo a su voluntad. Una y otra vez, el caballo tira al suelo al vaquero, para dejarle claro que no quiere que nadie se le suba encima. Sin embargo, el vaquero sigue subiéndose al caballo hasta que este descubre quién es el que manda. Al final, el caballo salvaje se vuelve dócil… y útil.

Muchos de nosotros no experimentamos el destino que Dios nos tiene reservado porque, cada vez que Él intenta dirigirnos y guiarnos, nosotros queremos tirarle al suelo. Sacudimos las piernas y le decimos: "Soy el dueño de mi vida. Soy el amo de mi destino. Quiero hacer las cosas a mi manera".

Es posible que no usemos estas palabras, pero esa es nuestra actitud implícita. Sin embargo, Dios tiene claro quién es el dueño. Sigue subiéndose una y otra vez hasta que nos volvemos lo bastante dóciles como para mirarle y decir: "Sí, *Adonai*, dime adónde vamos". Lo que es más, cuando hacemos esto, tenemos una intimidad con nuestro Salvador más profunda que nunca antes, y descubrimos su plan y su propósito para nuestra vida.

Jesús como Señor

Dios ha nombrado a un regente, Jesucristo, elevado por encima de todos, para que gobierne la historia como Señor y Cristo (Hch. 2:36), como *Adonai* (hebreo) y *Kyrios* (griego). Creer en Dios no basta para acceder a la autoridad que viene mediada por el señorío de Jesucristo. Invocar el nombre de Dios tampoco es suficiente. Más bien, tu relación con Jesucristo determina qué sucede en la historia, porque Él ha sido puesto sobre todo Gobierno y autoridad, y en virtud de ser quien es reclama la propiedad sobre tu vida. Jesús está sentado a la diestra de Dios (Col. 3:1), y tú, su seguidor, estás sentado con Él (Ef. 2:6).

En el libro de Romanos, Pablo escribe sobre proclamar a Cristo como Señor. Estos dos versículos han confundido a muchas personas con el paso de los años:

Que si confesares con tu boca que Jesús es el Señor, y creyeres en tu corazón que Dios le levantó de los muertos, serás salvo. Porque con el corazón se cree para justicia, pero con la boca se confiesa para salvación (Ro. 10:9-10).

Parece ser que Pablo nos señala dos requisitos previos para la salvación: confesar con nuestra boca y creer en nuestro corazón. Esto plantea un problema teológico. En todos los otros pasajes del Nuevo Testamento que hablan de la salvación, el único requisito es la fe (Jn. 3:16; 5:24; Hch. 16:31; Ro. 4:4-5). ¿Son contradictorios estos pasajes, o es que Romanos 10:9-10 se refiere a otra cosa?

La respuesta se encuentra en el contexto de Romanos 10:9-10. Al observar el público de Pablo y el entorno en el que hizo esta afirmación, vemos claramente que no instruye a los pecadores sobre cómo hacerse santos. Sus lectores ya son creyentes. Más bien, instruye a los santos cómo ser librados (salvos). Debes creer en el Señor Jesucristo para ir al cielo, pero debes confesarle para hacer que el cielo se manifieste en tu vida en la tierra.

Cuando aceptas a Jesucristo como tu Salvador personal (es decir, cuando crees), su justicia se convierte inmediatamente en la tuya. Eres salvo por toda la eternidad. Sin embargo, cuando haces confesión pública de Jesucristo como tu Señor, recibes su liberación aquí y ahora, en la historia. En este contexto, la palabra "salvado" significa ser rescatado o librado.

Muchas personas que irán al cielo no han visto cómo el cielo baja hasta ellos en su historia porque han creído pero no han confesado. Han declarado en sus corazones en quién confían para su salvación. Han puesto su fe en Jesucristo para el perdón de sus pecados. Pero no han hecho una confesión pública y constante o una declaración (mediante palabra u obra) de Él como su Señor.

A lo largo de todo el Nuevo Testamento, los discípulos y los apóstoles se refieren a sí mismos regularmente como siervos. El libro de Romanos empieza con estas palabras: "Pablo, siervo de Jesucristo...".

"Siervo" es una traducción de la palabra griega *doulos*, que literalmente significa "esclavo". Un esclavo es alguien que tiene un amo o un señor. Creer en Jesús como tu Salvador te lleva al cielo, pero declararle y vivir para Él como tu Señor y Amo te trae el cielo a la tierra.

Cuando admites el lugar que te corresponde por derecho bajo Jesús como su *doulos*, o esclavo, obtienes su poder liberador en este mundo. Si necesitas ver más del rescate y la liberación de Dios en tu vida, quizá has situado a Jesús como tu Salvador pero no como tu Señor. No eres su esclavo. Ten en cuenta que el trabajo del esclavo consiste en hacer todo lo que le dice su amo. Es tan claro como esto.

Lamentablemente, hoy día y en la mayoría de nuestras vidas Jesús debe competir con demasiados otros señores. Pero Jesús no está dispuesto a ser uno entre muchos. No está dispuesto a ser parte de tu asociación o de tu club. Tampoco está dispuesto a quedar relegado al papel de ayudante personal. "Jesús como Señor" significa que Él es tu supremo Rey y Amo. Es quien manda, y le reconoces en todo lo que haces. El problema es que demasiadas personas quieren un Salvador, pero no un Señor.

El verbo "confesar" significa declarar abierta y públicamente cuál es tu postura sobre un tema. Ponerte bajo el dominio de Jesucristo, el *Adonai* y *Kyrios*, incluye declarar y demostrar públicamente tu compromiso con Él.

Jesús declara que tu disposición para confesarle se convierte en el indicador de hasta qué punto le tomas en serio. Es mucho más que simplemente creer en Dios. De hecho, Satán cree en Dios. Someterte al señorío de Cristo (ponerle en el primer lugar de tu vida) conlleva manifestar tu asociación con Él mediante tus palabras y tus actos.

Cuanto menos esclavo de Jesucristo seas, más atado estás a fortalezas ilícitas. De hecho, Él te concede libertad eterna mediante tu entrega a Él.

No hay nada que temer en someterte a Dios como tu dueño. Imagina que Bill Gates te dijera: "Si me permites dirigir tu economía, yo me encargaré de que te enriquezcas". ¿Te daría miedo? No es probable que nadie discutiera esa propuesta.

Después de todo, Bill Gates es un maestro de la administración financiera y de la prosperidad. Podría permitirse todo lo que tú quisieras. Tu conocimiento de él te llevaría a confiar en su persona en ese ámbito de tu vida. De igual manera, el conocimiento de Dios (por medio de su nombre y de su carácter) te da la libertad para someterte plenamente a su cuidado como tu dueño. Te tiene cubierto. Posee todo lo que necesitas. Quiere lo mejor para ti. Lo único que desea es que le confieses como *Adonai*, Dueño y Señor.

Eso sí, ten en cuenta que no puedes decir sencillamente "Señor, Señor, Señor, Señor", como si fuera una palabra mágica. Confesar a *Adonai* en tu vida requiere actos que verifiquen su señorío sobre todos los lugares a los que te lleve y te dirija.

Dios dio instrucciones a todas las personas de las que hemos hablado en este capítulo. Cada una tuvo que hacer algo para demostrar su confianza en Dios y su entrega a Él como *Adonai*.

Sin embargo, ninguna de esas cosas fue agradable. Abraham lo pasó mal confiando en que Dios le daría un hijo a los 100 años de edad. A Moisés no le gustó enfrentarse a Faraón. Sin duda que a Gedeón no le entusiasmó despedir a casi todos sus soldados antes de entrar en batalla. Sin embargo, a pesar de su contrariedad, esas personas hicieron lo que Dios les dijo porque no solo le llamaban *Adonai*, sino que también se sometieron a Él y a su voluntad.

Cuando no te sometes a *Adonai*, te sometes al caos. Por eso en la vida tenemos tantos problemas. Buscamos nuestro propio camino y nuestra propia voluntad. Sin embargo, cuando nos entregamos a *Adonai*, nos sometemos al cumplimiento de nuestro destino. Por lo tanto, levanta la bandera blanca de la rendición ante el señorío de Jesucristo, y podrás empezar a disfrutar del hecho de que sea tu dueño.

5

JEHOVÁ-JIREH

EL SEÑOR, NUESTRO PROVEEDOR

Cuando deseamos conocer a Dios, normalmente queremos conocer uno de los rasgos de su carácter. Queremos que nos diga algo sobre su persona.

En las Escrituras es habitual que, cuando Dios se revela a alguien, vincule el nombre *Jehová* con otro nombre que revela algo más profundo acerca de Él. Yo llamo a estos nombres "conexiones compuestas". Dios los usa para desvelarse personalmente, para dar a las personas una mayor revelación de su carácter de la que denota incluso el nombre personal *Jehová*. A menudo Dios hace esto con las personas que pasan por circunstancias difíciles, y a las que quiere revelarse como su ayudador.

La primera conexión compuesta que examinaremos es el nombre *Jehová-jireh*, que significa "el Señor proveerá". El libro de Génesis nos ofrece el trasfondo para la revelación de este nombre:

> Aconteció después de estas cosas, que probó Dios a Abraham, y le dijo: Abraham. Y él respondió: Heme aquí. Y dijo: Toma ahora tu hijo, tu único, Isaac, a quien amas, y vete a tierra de Moriah, y ofrécelo allí en holocausto sobre uno de los montes que yo te diré (Gn. 22:1-2).

Este pasaje nos dice concretamente que Dios probó a Abraham de la manera más devastadora imaginable. Pidió a Abraham que le entregase aquello que Abraham más amaba: su hijo. Isaac era el sueño de Abraham hecho realidad. Era el regalo prometido y esperado durante mucho tiempo que Dios le había hecho, y ahora Dios se lo reclamaba.

Ten en cuenta que Abraham no solo amaba a Isaac, sino que lo necesitaba. Dios prometió a Abraham convertirle en "una gran nación", y el cumplimiento de esa promesa descansaba sobre ese hijo único de Abraham y Sara. Si Isaac moría sin tener hijos, Abraham, ya avanzado en años, no tendría un linaje por medio del cual se cumpliera la promesa divina de una nación futura.

Lo que dice Dios no parece tener sentido. Su petición a Abraham parece contradecir su promesa.

Si lees atentamente todo el pasaje, no verás que Abraham le dijera a Sara lo que Dios le pedía que hiciera con Isaac, lo cual tiene mucho sentido. Sin duda, Sara habría pensado que Abraham se había vuelto loco y, además, es probable que se hubiera puesto muy furiosa. O sea, que llevaba más de 90 años esperando aquel hijo, y ahora Abraham (lo bastante viejo como para estar senil) cree que Dios le ha dicho que suba a un monte y lo sacrifique. Semejante propuesta no hubiera sentado bien en ningún hogar que conozco, pero mucho menos en el hogar de aquel hijo de la promesa tan esperado.

De repente, Abraham se ve inmerso en un caos de contradicciones. Vive una contradicción teológica, porque la instrucción de Dios contradice la promesa de una nación futura y el mandamiento de no matar. Vive una contradicción emocional, porque su fe choca con sus afectos. Se enfrenta a una contradicción social, porque nunca se convertirá en un "gran nombre" en su comunidad si mata a su hijo y, también, padece una contradicción relacional, porque sacrificar a Isaac originaría grandes conflictos en su matrimonio.

Abraham va contra corriente y sin remos. Está en medio de una gran prueba.

Las pruebas son circunstancias adversas que Dios introduce o permite para identificar en qué punto estamos espiritualmente, y para prepararnos para ir adonde quiere que vayamos. Si estás vivo, no podrás escapar a las pruebas de la vida. O bien estás viviendo una prueba, o acabas de salir de una, o estás preparándote para vivirla. Las pruebas son las realidades inevitables de la vida.

Pero, a pesar de que todos las experimentamos, también debemos confortarnos sabiendo que antes de llegar a nosotros las pruebas deben pasar primero por las manos de Dios. Nada llega a nuestra vida sin haber recibido antes la aprobación divina. Y si Él lo aprueba, debe tener un propósito para ello.

En realidad, la prueba de Abraham fue un examen. Dios quería saber dónde estaban exactamente el corazón y la fe de Abraham. Sin duda, si Abraham hubiera sido entrenador deportivo, hubiera querido levantarle una bandera roja a Dios.

Si no estás familiarizado con las normas de la NFL, cuando un entrenador jefe considera que un árbitro ha cometido un error, levanta una bandera roja. Esto indica que el árbitro debe analizar de nuevo la jugada. A veces (sobre todo cuando estamos entre la espada y la pared) queremos levantarle una bandera roja a Dios. Queremos detener el partido y exigir una revisión, porque parece ser que Dios ha tomado una decisión equivocada. Se le habrá pasado algo por alto. Sin duda que no sabía lo que estaba haciendo porque, de haberlo sabido, no hubiera hecho así las cosas.

Estoy seguro de que Abraham tuvo sus dudas respecto al tipo de decisión que había tomado Dios. Parecía favorecer al otro equipo. Abraham, el patriarca de su familia, debía guiar, pastorear y proteger a sus seres queridos. ¡Y ahora el propio Dios quería que hiciera justo lo contrario! Es posible que Abraham quisiera gritar: "¡Dios, esta vez te has equivocado! Se te ha pasado algo por alto. Echa un vistazo a la repetición de la jugada, analízala y cambia de idea, porque es evidente que te has equivocado".

Sin embargo, Abraham debía recordar que Dios hace algunas de sus mejores obras en la oscuridad. Aparte, a menudo Dios está más cercano que nunca cuando más distante parece estar. En esta situación, solo la fe de Abraham le induciría a seguir adelante. Dios esperaba a ver lo que haría Abraham.

Lo que aprendí en el Diamond

Poco me imaginaba yo, cuando crecía en el Baltimore urbano, que uno de los momentos trascendentales de mi vida tendría lugar durante una prueba inesperada. La mía sucedió en un campo de fútbol americano llamado el Diamond, situado a solo unas manzanas de mi casa.

Dios obra de formas curiosas. Aquel día, mientras corría sujetando el balón hacia la zona de anotación, un sencillo placaje de un contrario me partió la pierna en dos. (Aún conservo la placa de acero que me pusieron durante la operación). En aquel momento, mientras estaba tirado en el campo soportando un tremendo dolor y esperando a la ambulancia, supe que Dios era soberano y que su voluntad y sus caminos son perfectos incluso cuando nos pide que renunciemos a lo que más amamos.

Le dije: "Señor, sabes que amo el fútbol americano más que cualquier otra cosa. Pero quiero darte las gracias en medio de este dolor y esta pérdida. Sé que tienes un plan para mi vida, y te entrego mi vida para que cumplas tu plan". Poco después de eso, Dios me indujo a aceptar el compromiso de un ministerio a tiempo completo, y desde entonces no ha habido vuelta atrás.

Independientemente de lo mucho que te duela desprenderte de lo que más amas, debes saber siempre que Dios tiene un plan y un propósito para las pruebas de esta vida. Debido a esto, podemos darle gracias en medio de cualquier crisis, porque sabemos que sus caminos son perfectos.

Aquel día, todos los espectadores del partido vieron cómo un jugador se rompía una pierna. Sin embargo, para mí, aquella prueba desveló el nombre de Dios (*Jehová-jireh*) y la dirección de mi vida. Lo malo es que, a menudo, no entendemos el propósito de la prueba, porque nos fijamos demasiado en las circunstancias o en la presión que soportamos.

Abraham estaba sometido a una prueba terrible. Se enfrentaba a una elección entre la bendición y el que bendecía, y Dios quería saber cuál de los dos iba a elegir. Isaac había sido la bendición de Abraham. Sin embargo, Dios quería saber qué era más importante para él, Dios o Isaac, el dador de la bendición o la propia bendición. A veces nos enamoramos tanto de una bendición que acaba siendo más importante que quien nos ha bendecido.

Si tienes hijos o nietos, estoy casi seguro de que alguna vez les has oído preguntar: "¿Cuánto falta para Navidad?". Para millones de personas, el día de Navidad es el punto culminante de la celebración y el intercambio de regalos. Se celebra en muchas culturas de todo el mundo, cada una de las cuales aporta sus propias tradiciones étnicas, su comida y su música.

Y en el centro de todo debe estar el recordatorio de que Jesús vino al mundo como el regalo definitivo de Dios, nuestro Redentor y Salvador. Tenemos la oportunidad de tener una relación con un Padre perfecto y amante que nos llama sus hijos. Santiago 1:17 nos recuerda: "Toda buena dádiva y todo don perfecto desciende de lo alto, del Padre de las luces, en el cual no hay mudanza, ni sombra de variación".

Pero debemos recordar algo sobre Dios, una característica que comparte con todos los padres. No quiere que le amemos solo por sus dones. No quería que Abraham le amase solamente por Isaac.

Imagina que tus hijos quisieran estar contigo solamente por saber que el día de Navidad obtendrían una recompensa. Seguramente no te gustaría. Como padre, das cosas a tus hijos porque les amas, no para que ellos te amen en contrapartida.

Con Dios pasa lo mismo. Nos ama; por lo tanto, nos da buenos dones. Pero quiere que le amemos aparte de por sus dones. Dios no es el genio de una lámpara ni un mozo de hotel a escala universal. No, a Dios le gusta dar por su mano siempre que sepa que lo que realmente valoramos es su corazón.

Eso es exactamente lo que quiso saber de Abraham. Quería saber si Abraham renunciaría a su posesión más preciada y adoraría a Dios incluso en medio del dolor.

Y eso es exactamente lo que hizo Abraham:

> Y Abraham se levantó muy de mañana, y enalbardó su asno, y tomó consigo dos siervos suyos, y a Isaac su hijo; y cortó leña para el holocausto, y se levantó, y fue al lugar que Dios le dijo. Al tercer día alzó Abraham sus ojos, y vio el lugar de lejos (Gn. 22:3-4).

La verdad es que tardar tres días para llegar a la iglesia es mucho tiempo. Pero Abraham lo hizo. El pasaje nos dice que ni siquiera dudó. "Abraham se levantó muy de mañana… y fue al lugar que Dios le dijo".

De hecho, fíjate en todos esos verbos: "se levantó", "enalbardó", "tomó", "cortó", "se levantó" y "fue". Todos indican una respuesta inmediata. Pero fíjate también lo que *no* dice el versículo 3. No nos dice que Abraham negociara con Dios. No dice que Abraham le preguntara a Dios por qué. No dice que Abraham metiese un cordero en la alforja, por si acaso. No nos hace un resumen del debate entre Abraham y Dios. No, solo dice que Abraham se levantó, se puso en marcha e hizo lo que Dios le había pedido.

¿De dónde sacó Abraham la fe y la fortaleza para seguir a Dios con tanta rapidez en una misión aparentemente absurda? Encontramos la respuesta a esa pregunta en el versículo siguiente, y de nuevo en Hebreos 11.

Una vez llegó al monte, dijo a los dos jóvenes que le ayudaban a llevar las cosas: "Esperad aquí con el asno, y yo y el muchacho iremos hasta allí y adoraremos, y volveremos a vosotros" (v. 5).

Fíjate bien: esperaba que tanto él como Isaac volverían. Aún es más revelador lo que dice el libro de Hebreos sobre su forma de pensar:

> Por la fe Abraham, cuando fue probado, ofreció a Isaac; y el que había recibido las promesas ofrecía su unigénito, habiéndosele dicho: En Isaac te será llamada descendencia; pensando que *Dios es poderoso para levantar aun de entre los muertos*, de donde, en sentido figurado, también le volvió a recibir (He. 11:17-19).

Abraham sabía que la petición de matar a Isaac parecía ridícula, y que desde el punto de vista humano todo obraba en su contra. También sabía que otros pensarían que Dios no sabía de lo que hablaba. Sin embargo, aun sumido en su confusión y en su sufrimiento, fue a adorar. Fue a la iglesia. Confiaba en que, incluso si cumplía el mandato divino de sacrificar a Isaac, Dios (que había producido una nueva vida usando dos cuerpos envejecidos y desgastados) podría sin duda resucitar a Isaac de entre los muertos.

Por supuesto, Abraham nunca había sido testigo de una resurrección física, pero había visto un milagro: la concepción sobrenatural y el nacimiento de Isaac. A lo mejor para Abraham este era un problema distinto, pero sabía que Dios era el mismo de antes.

De hecho, a veces Dios permitirá que experimentes grandes problemas en tu vida porque quiere revelarte una porción más grande de sí mismo. Es posible que la gente que quiere renunciar a Dios, solo porque el panorama de sus vidas no tiene sentido, se esté alejando de una nueva manifestación de Dios y de su nombre en sus vidas.

Isaac en el altar

Dios puso a Abraham en una situación que solo Dios podía arreglar. Abraham no podía salir de esta a base de elucubraciones. No podía organizar una estrategia. No podía escurrir el bulto. A veces Dios permite que estés en una situación que solo Él puede resolver de modo que admitas que fue Él quien la resolvió. Eso es exactamente lo que hizo con Abraham.

Abraham e Isaac empezaron a caminar hacia el lugar del monte al que Dios les había dicho que fueran. Abraham había tomado la leña y los artículos necesarios para edificar un altar para el holocausto, e hizo que los llevase Isaac. Entonces su hijo preguntó: "He aquí el fuego y la leña; mas ¿dónde está el cordero para el holocausto?" (Gn. 22:7).

Abraham respondió con fe: "Dios se proveerá de cordero para el holocausto, hijo mío" (v. 8). Después de esto, la trama se complica:

> Y cuando llegaron al lugar que Dios le había dicho, edificó allí Abraham un altar, y compuso la leña, y ató a Isaac su hijo, y lo puso en el altar sobre la leña. Y extendió Abraham su mano y tomó el cuchillo para degollar a su hijo. Entonces el ángel de Jehová le dio voces desde el cielo, y dijo: Abraham, Abraham. Y él respondió: Heme aquí. Y dijo: No extiendas tu mano sobre el muchacho, ni le hagas nada; porque ya conozco que temes a Dios, por cuanto no me rehusaste tu hijo, tu único (vv. 9-12).

¡Me hubiera gustado estar allí como un insecto en la arena para ver como se sintió Isaac cuando su padre le ató y le echó sobre la leña!

Me hubiera gustado ver la expresión en el rostro de Abraham. ¿No le oyes respirar trabajosamente, suspirando, no solo debido a la larga subida por la montaña sino también a su absoluta perplejidad? Y ahora llegamos a otra contradicción aparente. El Dios Todopoderoso, el Omnisciente que conoce el fin del principio, el Creador del universo, dice: "Ya conozco que temes a Dios". ¿Es que Dios no lo sabía de antemano, antes de que Abraham levantara el cuchillo o incluso antes de que se despertase tres días antes e iniciara el viaje? ¿No lo sabía Dios?

Sí, lo sabía. Pero en este pasaje descubrimos algo de Dios que raras veces encontramos en otros pasajes. Dios conoce toda la información que pueda existir. En otras palabras, Dios sabe lo que fue, lo que es y lo que será. Nadie puede tocar un tema que Dios no conozca plenamente. A Dios no le puede pillar desprevenido ningún dato o conocimiento de las cosas pasadas, presentes o futuras. Sin embargo, Dios no ha experimentado necesariamente todo lo que sabe.

Por ejemplo, si yo dijera "Señor, dime cómo es pecar", Jesús no podría responderme a esa pregunta porque Él nunca lo ha hecho. Sí, llevó nuestros pecados, pero nunca ha cometido uno.

Una mujer puede escuchar a su marido decirle "Te quiero", pero eso es distinto a experimentar el significado pleno de esas palabras. Es posible que ya sepa que las palabras son ciertas, pero la experiencia las hace cobrar vida.

David reflexionó sobre la omnisciencia de Dios:

> Oh Jehová, tú me has examinado y conocido. Tú has conocido mi sentarme y mi levantarme; has entendido desde lejos mis pensamientos. Has escudriñado mi andar y mi reposo, y todos mis caminos te son conocidos. Pues aún no está la palabra en mi lengua, y he aquí, oh Jehová, tú la sabes toda (Sal. 139:1-4).

Más adelante, el salmo habla no solo de la omnisciencia de Dios, sino también de su omnipresencia.

En el Nuevo Testamento encontramos a Jesús que dice: "¡Ay de ti, Corazín! ¡Ay de ti, Betsaida! Porque si en Tiro y en Sidón se hubieran hecho los milagros que han sido hechos en vosotras, tiempo ha que se hubieran arrepentido en cilicio y en ceniza" (Mt. 11:21). En estas palabras, Jesús les dijo qué podría haber pasado si esas ciudades se hubieran arrepentido.

Sin embargo, aunque Dios sabe todo lo que pasa y lo que podría pasar, no necesariamente lo sabe todo *empíricamente*. Por lo tanto, cuando el ángel del Señor dice a Abraham "Ya conozco…", no se refiere a un conocimiento informativo. Lo que le dice a Abraham es: "*Ahora he experimentado que me amas*".

Dios no es solo un Dios de conocimiento, sino también de experiencia. Penetra en nuestras emociones. ¿Por qué se sienta entre las alabanzas de su pueblo, como leemos en el libro de los Salmos? Podría limitarse a quedarse sentado, relajarse y decir "Ya sé lo que es la alabanza. Tengo disponible toda la información sobre la alabanza. De hecho, ya sé quién me alabará, quién lo está haciendo ahora y quién lo hizo en el pasado; y lo que es más: sé quién es sincero. No necesito que nadie me alabe porque ya sé todo lo que hay que saber sobre la alabanza".

Sin embargo, la Biblia nos dice que Dios pone su trono sobre las alabanzas que le ofrecen (Sal. 22:3). Poner el trono sobre algo significa estar en medio de ello, participar. Hay algo en nuestra alabanza que agrada a Dios. Participa plena y voluntariamente en la experiencia.

¿Por qué Dios se hizo hombre? No solo para redimirnos de padecer el castigo eterno y la separación de Él, sino también para participar de la experiencia humana. Ahora puede simpatizar con nosotros porque Jesucristo se hizo hombre. El escritor de Hebreos nos dice: "Porque no tenemos un sumo sacerdote que no pueda compadecerse de nuestras debilidades, sino uno que fue tentado en todo según nuestra semejanza, pero sin pecado" (He. 4:15). Jesús puede simpatizar con nosotros porque ha pasado por todo lo que puede pasar una persona, aunque sin haber pecado.

De manera que, cuando el ángel del Señor dice "ya conozco que temes a Dios" no es porque antes careciera de la información intelectual, sino porque ha experimentado el suceso: ha participado de él.

Dios entra en esos instantes del tiempo en los que experimenta y siente el amor del que cantamos, hablamos y pensamos. Y, cuando lo hace, revela su carácter a un nivel más profundo y desvela su nombre:

Entonces alzó Abraham sus ojos y miró, y he aquí a sus espaldas un carnero trabado en un zarzal por sus cuernos; y fue Abraham y tomó el carnero, y lo ofreció en holocausto en lugar de su hijo. Y llamó Abraham el nombre de aquel lugar, Jehová proveerá. Por tanto se dice hoy: En el monte de Jehová será provisto (Gn. 22:13-14).

Abraham no escuchó al carnero que intentaba escapar del arbusto hasta que acabó de obedecer el mandamiento de Dios. De hecho, mientras Abraham pasaba por la prueba de subir por una ladera de la montaña, Dios hizo que la solución para Abraham (el carnero) subiera por la otra. Su intención fue que ambos coincidieran precisamente en el momento justo.

Este mismo principio es aplicable a ti y a mí. A menudo tenemos al lado la respuesta a la prueba por la que pasamos, pero nunca lo sabremos hasta que Dios esté dispuesto a revelarla.

Como resultado de la provisión providencial de Dios, Abraham llamó a aquel lugar *Jehová-jireh,* "el Señor proveerá". Aquel día descubrió algo sobre *Jehová* que cambiaría su vida para siempre. Si tú también quieres descubrir y creer esta verdad, nunca volverás a contemplar tus circunstancias de la misma manera.

Sin embargo, es fácil pasar por alto la clave para la provisión de Abraham. Las Escrituras nos dicen: "Entonces alzó Abraham sus ojos". Jesús nos dice en el Nuevo Testamento: "Abraham vuestro padre se gozó de que había de ver mi día; y lo vio, y se gozó" (Jn. 8:56). Abraham pudo seguir adelante hasta que llegó la provisión, porque vio el día de Jesús: pudo contemplar espiritualmente al Señor a pesar de la prueba física por la que pasaba. Gracias a lo que vio, Abraham pudo seguir teniendo una obediencia radical.

La raíz del nombre *jireh* significa, literalmente, "ver". Sin embargo, cuando se unen ambos apelativos, el significado es "proveer". Sabiendo que lo que vio en el reino espiritual afectaba a sus actos en el ámbito físico, Abraham admitió el poder de la vista al llamar a aquel lugar *Jehová-jireh.* En algún punto de la combinación de estos dos nombres se encuentra la relación entre la visión y la provisión de Dios.

Cuando observamos otra forma del verbo "proveer", el sustantivo "previsión", vemos más claramente este vínculo. Tener visión es ver.

"Previsión" significa que se vio algo de antemano y, por tanto, se proveyó para ello. La raíz "visión" vincula la provisión con lo que se vio. La provisión de Dios para Abraham se basó en su visión de lo que hizo aquel hombre. La visión de Dios condujo a su provisión.

Por lo tanto, la pregunta es: ¿Qué debe ver Dios para que provea para ti cuando estés atrapado en una contradicción de la vida? Necesita ver lo mismo que vio en Abraham, que se encuentra en los verbos que mencionamos antes: "se levantó", "enalbardó", "tomó", "cortó", "se levantó" y "fue". Abraham no demoró su obediencia. Hizo lo que Dios le pidió que hiciese, a pesar de que no sabía cómo iba a organizarlo todo el Señor.

La obediencia demorada es desobediencia. La obediencia parcial es desobediencia completa. En otras palabras, si Abraham se hubiese quedado a medio camino en su viaje, no lo hubiera acabado. Nunca habría experimentado y conocido a *Jehová-jireh*.

Todos tenemos nuestro Isaac. Es algo que amas más que a la vida misma. Tu Isaac es aquello a lo que menos quieres renunciar, aquello a lo que te aferras con más fuerza. Amigo, ¿estás dispuesto a confiar en Dios plenamente con tu Isaac?

Cuando Dios vio que le importaba a Abraham más que Isaac, intervino y proveyó para Abraham, de modo que pudiera conservar a Isaac. Amar a Dios significa actuar según sus instrucciones; no se trata de cantar himnos, hacer oraciones o escuchar sermones. Muchos de nosotros no conocemos a Dios como *Jehová-jireh* porque Dios sigue esperando que actuemos conforme a lo que nos ha dicho, aunque no comprendamos cómo saldrán las cosas.

Sea lo que sea a lo que te aferres con tantas fuerzas (tu carrera, familia, matrimonio, salud, economía, búsqueda de pareja), debes dejarlo ir para experimentar a *Jehová-jireh*. Debes hacer lo que Dios te ha indicado al respecto, aunque no tenga sentido, simplemente porque Él quiere lo mejor para ti. Y le verás proveer para ti cuando Él te vea ponerle por encima de todo lo demás.

De hecho, cuando Abraham recibió de nuevo a Isaac, recibió mucho más:

> Y llamó el ángel de Jehová a Abraham por segunda vez
> desde el cielo, y dijo: Por mí mismo he jurado, dice

Jehová, que por cuanto has hecho esto, y no me has rehusado tu hijo, tu único hijo; de cierto te bendeciré, y multiplicaré tu descendencia como las estrellas del cielo y como la arena que está a la orilla del mar; y tu descendencia poseerá las puertas de sus enemigos. En tu simiente serán benditas todas las naciones de la tierra, por cuanto obedeciste a mi voz (Gn. 22:15-18).

Isaac fue solo el principio de una bendición colosal de Dios sobre Abraham. Dios le dijo que, gracias a lo que había visto, ahora se disponía a abrir las ventanas de los cielos y derramar sobre Abraham unas bendiciones ¡que perdurarían muchas generaciones!

Abraham podría haber optado por proteger a Isaac desde el principio, y entonces es posible que lo hubiera perdido de otro modo, y con él habría perdido todo lo demás. Sin embargo, como estuvo dispuesto a renunciar a la persona más importante para él, pudo conservar a Isaac después de todo y, además, recibir muchas más cosas.

Dios desea ser *Jehová-jireh* para ti hoy. Pero quiere saber y experimentar que estás dispuesto a obedecerle, buscarle y no poner nada por encima de Él; quiere saber que nada es más importante. Cuando te vea honrarle como lo hizo Abraham, descubrirás el poder de *Jehová-jireh* en tu vida.

6

JEHOVÁ-TSABÁ

EL SEÑOR, NUESTRO GUERRERO

A veces en nuestras vidas pasan cosas que no logramos explicar. No pretendíamos que sucedieran, y sabemos que no vinieron de nosotros. Más bien nos revelan la eternidad de nuestro Creador. Dios no está atado por el tiempo. No piensa en términos de ayer o mañana. Guía, dirige y nos induce a actuar según su conocimiento. A veces lo hace de un modo que nos permite echar un mero vistazo a cómo sería vivir sin las limitaciones del tiempo, como hace Él.

Uno de esos pequeños vistazos tuvo lugar un día antes de mi quincuagésimo primer aniversario, y solo dos días antes de que nuestro país experimentase la peor amenaza al nivel nacional que habíamos conocido en décadas. Pero, antes de llegar a ese atisbo, deja que te cuente qué me condujo a él.

Durante todo el tiempo en que he sido pastor, cada mes de agosto Lois y yo pasamos juntos todo el mes. Dejo el trabajo, las agendas, el teléfono y el ritmo ajetreado del ministerio, para centrarme directamente en mi familia. Cuando nuestros hijos eran más pequeños, hacíamos viajes por carretera para ver a nuestros parientes, visitábamos lugares como el Gran Cañón o simplemente acudíamos al lago.

El tiempo en familia siempre ha sido una prioridad elevada en el hogar de los Evans. Durante décadas nos hemos reunido el primer domingo de cada mes, disfrutando de la compañía mutua, charlando y comiendo. Como mi trabajo a menudo me exigía viajar mientras los niños seguían en la escuela, para mí fue una prioridad hacer todo lo posible para estar con ellos tanto si animaban a los jugadores de un partido, lo disputaban ellos o necesitaban ayuda para un proyecto especial. No quería que mi familia simplemente *oyera* que para mí tenían un valor incalculable: quería que lo supieran y lo experimentasen.

El tiempo en familia siempre ha sido un elemento esencial en nuestras vidas a lo largo del año. Sé que muchas familias dedicadas al ministerio pagan un alto precio porque un pastor no tiene un horario laboral normal, y porque sus obligaciones tiran de él en todas direcciones. Yo instauré nuestras vacaciones familiares en agosto porque el tema me preocupaba. No tenía que ser nada exótico ni caro. Pero era un tiempo destinado a *estar* juntos dónde o como nos apeteciera.

También usaba parte de ese tiempo para leer, orar y prepararme para las series de sermones anuales. Pero cada año, cuando regresaba del tiempo pasado en familia, no me metía directamente en esa serie. Dedicaba unos días de transición para reintroducirme en la agenda apretada, de modo que concedía tiempo para aclimatarme. Volvía y predicaba un mensaje sobre un tema que Dios había puesto en mi corazón (pero que no formaba parte de la serie), para concederme algo de tiempo antes de reincorporarme a la rutina de la vida eclesial.

Sin embargo, el año en que cumplí 51 años hice algo inusual. A lo mejor no lo es para muchas personas, pero para mí lo fue. En lugar de dedicar el segundo domingo que subía al púlpito a iniciar la serie de sermones otoñales, como hacía normalmente, me salté la tradición y amplié el mensaje que había enseñado la semana anterior. No soy alguien que rompa fácilmente con la tradición, pero algo en mi interior no me permitía seguir adelante. El primer domingo de septiembre había predicado un mensaje sobre cómo enfrentarse a las crisis de la vida, y algo me decía que esta nueva semana tenía que volver a hablar del tema. No sé si fue la respuesta de los oyentes al mensaje o algo en mi interior que me decía que no estaba completo, pero no empecé la serie prevista.

Ese segundo domingo, en el púlpito, hablé una vez más sobre cómo abordar una crisis. Esta vez hablé sobre el pasaje en el que vamos a profundizar juntos en este capítulo. Lo introduje hablando de nuestros temores, y de cómo a veces nos parecen gigantes. Mencioné al típico abusón de la escuela, que siempre intentaba pegarme para quitarme el dinero del almuerzo: parecía un veinteañero de sexto de primaria, y abultaba el doble que yo. Pero entonces mencioné otra cosa: *"En tu vida, subirte a un avión puede ser un gigante, porque tiemblas con solo pensar en hacerlo"*. Y ya está. Nada muy profundo en esa ocasión. Luego seguí hablando de otros problemas que encontramos en nuestras vidas cotidianas, y cómo nos parecen gigantes.

No obstante, lo que me resultó curioso un tiempo más tarde es que optara por decir justo lo que dije, que optase por hablar de un avión como la ilustración del miedo, sobre todo porque me he pasado tanto tiempo subido en aviones que habré dado varias vueltas al mundo, como Supermán. No tengo ningún miedo a volar, pero aun así elegí precisamente esas palabras. Fue una ilustración que, habitualmente, no uso para hablar del miedo.

Al día siguiente cumplí 51 años. Fue un buen día, un día en que lo pasé muy bien.

Pero al día siguiente, nuestra nación padeció uno de los peores días de toda su historia. Dos aviones se estrellaron contra las Torres Gemelas. Otro cayó en un campo. Otro impactó en el Pentágono.

"Subirte a un avión puede ser un gigante…".

Desde aquel día, el gigante del terrorismo ha angustiado a los mejores miembros y a la elite de nuestro ejército nacional. Combate siguiendo un conjunto de reglas diferente. No discrimina. Elige como víctimas a personas de cualquier edad, raza, posición económica y género. Es un gigante brutal que quiere gobernar mediante el miedo y la intimidación, destruyendo a todos los que se interpongan en su camino.

Después de que nuestro país se encontrara con ese gigante cambiaron muchas cosas. Se produjo un rasgón en el tejido de nuestra nación. Aún seguimos en el proceso de reconstruir y restaurar con valor aquello que se perdió, mientras al mismo tiempo defendemos lo que queda, y muchos de nosotros hemos adquirido la persistente costumbre de mirar nerviosos en todas direcciones. O quizá vacilamos en abordar un avión. No es fácil olvidar o derrotar a un gigante.

El siguiente nombre de Dios que estudiaremos figura en un relato sobre uno de los gigantes más infames de la historia, Goliat. Pero antes de tocar el nombre de Dios, veamos los detalles de este relato, porque subraya el poder de Dios que se libera cuando conocemos su nombre.

La anatomía de un gigante

¿Has visto alguna vez una batalla en el canal de historia o en alguna película, cuando dos grupos opuestos deciden enfrentarse por medio de un representante? Ninguna de las dos partes quiere arriesgarse a perder muchos hombres, de modo que cada una elige a un representante para que se enfrente al otro. Quien gane esa batalla imputa su victoria a todo el ejército. De igual manera, quien pierde la batalla sume en la derrota al resto de sus fuerzas.

En términos bíblicos, la mejor manera de entender la representación es observando a Adán. Adán fue nuestro primer representante, y el pecado entró en el mundo por medio de él. Pero Cristo es nuestro último representante, y quienes creen en Él son justificados porque murió en la cruz por nuestros pecados. La representación no es más que una persona que lucha, habla o representa a muchas otras. Los actos del representante se imputan a todos los demás.

En 1 Samuel encontramos la que posiblemente sea la batalla más famosa entre dos representantes. Tanto los cristianos como los que no lo son consideran celebridades a los principales personajes en ella. A un lado tenemos a un guerrero, más bestia que hombre, cuyo nombre aterra a sus enemigos. Con una altura de casi tres metros, esta criatura era Goliat de Gat. Seguro que babeaba cuando hablaba.

En el otro lado del campo de batalla está un muchacho sin armadura que, si se pusiera bien recto, le llegaría al ombligo a Goliat. Como mucho. Y, como veremos luego, eso fue una ventaja.

Goliat era algo más aparte de grande. Provenía de un grupo de personas cuya ascendencia estaba más allá de este mundo. La primera vez que oímos hablar de ellos es en el libro de Génesis: "Había gigantes en la tierra en aquellos días, y también después que se llegaron los hijos de Dios a las hijas de los hombres, y les engendraron hijos. Estos fueron los *valientes* que desde la antigüedad fueron varones de renombre" (Gn. 6:4). Tienen una historia épica, que rivaliza con cualquier novela de superventas moderna. Eran una raza mixta de ángeles caídos llamados *nefilim*, o gigantes, y aunque la mayor parte fue aniquilada durante el Diluvio, más tarde se manifestó un remanente de ella.

- "Después hubo otra guerra en Gat, donde había un hombre de gran estatura, el cual tenía doce dedos en las manos, y otros doce en los pies, veinticuatro por todos; y también era descendiente de los gigantes" (2 S. 21:20).

- "Porque únicamente Og rey de Basán había quedado del resto de los gigantes. Su cama, una cama de hierro, ¿no está en Rabá de los hijos de Amón? La longitud de ella es de nueve codos, y su anchura de cuatro codos, según el codo de un hombre" (Dt. 3:11).

- "Todo el pueblo que vimos en medio de ella son hombres de grande estatura. También vimos allí gigantes, hijos de Anac, raza de los gigantes, y éramos nosotros, a nuestro parecer, como langostas; y así les parecíamos a ellos" (Nm. 13:32-33).

Goliat provenía de esta especie extraña, los restos de una ralea de gigantes que iba desapareciendo y cuya reputación bastaba para mantener a raya al enemigo. La presencia imponente de Goliat dominaba el paisaje. Sus pasos hacían temblar la tierra. Sobre aquel tremendo corpachón "llevaba una cota de malla; y era el peso de la cota cinco mil siclos de bronce" (1 S. 17:5). Es probable que la mera armadura pesase más que el propio David. Sesenta y cinco kilos de armadura hacían que Goliat pareciese impenetrable. ¡Y eso era solo lo que llevaba en el torso!

Sobre sus piernas traía grebas de bronce, y jabalina de bronce entre sus hombros. El asta de su lanza era como un rodillo de telar, y tenía el hierro de su lanza seiscientos siclos de hierro; e iba su escudero delante de él (vv. 6-7).

No cabe duda de que Goliat era tremendo. Y no lo digo como algo elogioso: era grande, peligroso y amedrentador.

En esta batalla se enfrentan los israelitas y los filisteos. Estas dos naciones no luchaban por obtener una medalla o un título. Competían por obtener tierras, siervos y el bienestar y la supervivencia de sus pueblos. Era una lucha por la libertad. Miles de soldados militaban en ambos ejércitos. En 1 Samuel 17:3 leemos: "Y los filisteos estaban sobre un monte a un lado, e Israel estaba sobre otro monte al otro lado, y el valle entre ellos".

Los ejércitos se contemplaron el uno al otro desde cierta distancia hasta que un hombre llamado Goliat (de quien se nos dice concretamente que era un "paladín") se adelantó desde las filas filisteas y lanzó un desafío:

> ¿Para qué os habéis puesto en orden de batalla? ¿No soy yo el filisteo, y vosotros los siervos de Saúl? Escoged de entre vosotros un hombre que venga contra mí. Si él pudiere pelear conmigo, y me venciere, nosotros seremos vuestros siervos; y si yo pudiere más que él, y lo venciere, vosotros seréis nuestros siervos y nos serviréis (vv. 8-9).

Se había lanzado un desafío, y eso lo cambiaba todo.

Los israelitas llevaban días delante de las huestes filisteas. Ya se habían enfrentado a una batería de amenazas, problemas, dificultades y oposición, pero todo eso cambió para peor cuando se adelantó aquel gigante. Era un solo gigante, pero un gigante siempre es demasiado.

La mayoría de nosotros logra capear los problemas y los retos normales de la vida. No nos gustan pero, cuando se ciernen en la distancia, nos las arreglamos para ir tirando. Cuando en nuestra vida aparece un gigante, todo cambia.

No se nos dice que los israelitas temieran a los filisteos o estuvieran muy preocupados por esta batalla; al menos, hasta que apareció el gigante. Pero entonces… "Oyendo Saúl y todo Israel estas palabras del filisteo, se turbaron y tuvieron gran miedo" (v. 11).

Este giro inesperado de los acontecimientos ponía a los israelitas en clara desventaja. Ellos no tenían a un gigante de su parte. Estaban en inferioridad de condiciones y, en seguida, se convirtieron en los perdedores indiscutibles de esa batalla.

Tú puedes saber cuándo estás en una batalla contra un gigante no solo por su tamaño descomunal, sino por el efecto que tiene sobre ti. Los israelitas tuvieron miedo. Y, debido a ese miedo, se quedaron paralizados. No se podían mover. No tenían a nadie a quien enviar contra aquel monstruo, de modo que no hicieron nada.

¿Alguna vez el miedo a un gigante te ha agarrado con tanta fuerza que no te ha dejado mover? A lo mejor has experimentado este miedo en tu trabajo, en tu hogar, con tu salud… Sea lo que fuere, el gigante es el que manda, dicta tus emociones y tus actos (o ausencia de ellos). El gigante señala tu agenda, se queda con el balón, no se va… como Goliat de Gat.

Un día tras otro Goliat desafiaba al ejército israelita. Noche tras noche los israelitas velaban con miedo, sabiendo que no tenían a un contendiente legítimo al que enviar contra aquel ogro. Su desafío era implacable: "Venía, pues, aquel filisteo por la mañana y por la tarde, y así lo hizo durante cuarenta días" (v. 16).

La actitud hacia el gigante

Pero entonces apareció David. Su padre le envió a que llevase grano tostado, pan y queso a sus hermanos que estaban en la primera línea de batalla, de modo que David dejó su rebaño de ovejas a cargo de otra persona y se dirigió al valle de Ela.

No era la primera vez que David visitaba el campo de batalla. "David había ido y vuelto, dejando a Saúl, para apacentar las ovejas de su padre en Belén" (v. 15). Pero esta es la primera vez que leemos lo que quería decir David. Los israelitas habían dicho: "Al que le venciere [al gigante], el rey le enriquecerá con grandes riquezas, y le dará su hija, y eximirá de tributos a la casa de su padre en Israel" (v. 25). No está nada mal, ¿eh? Que concedieran al vencedor la mano de la princesa significaba que pasaría a formar parte de la familia real. La respuesta de David a los hombres reveló que su forma de ver al gigante no era como la de los demás.

Ten en cuenta que el punto de vista no es nunca solo lo que ves. La perspectiva consiste en cómo *interpretas* lo que ves. La perspectiva es esencial para conocer y aplicar el carácter de los nombres de Dios para disfrutar de una vida abundante.

Los israelitas veían el mismo gigante que David; pero no le veían de la misma manera. Los israelitas se fijaban en su tamaño, su fuerza y su armadura. David miraba directamente, centrándose en una realidad muy crítica: *Goliat no estaba circuncidado*. David dijo: "¿Qué harán al hombre que venciere a este filisteo, y quitaré el oprobio de Israel? Porque ¿quién es este filisteo *incircunciso*, para que provoque a los escuadrones del Dios viviente?" (v. 26).

Todos los demás veían lo grande que era el gigante, pero como

David conocía a Dios y el poder de su nombre, tenía un punto de vista diferente al de todo el mundo. David veía algo mucho más importante de lo que veían los demás: veía que el gigante no había pasado por el médico. La ausencia de circuncisión solo podía significar una cosa: que carecía de protección sobrenatural. El rito de la circuncisión ratificaba el pacto entre Dios y su pueblo. En Israel, todos los varones eran circuncidados al octavo día de vida, como símbolo de que pertenecían a este pacto y para posicionarse bajo la provisión, el poder y la protección del pacto.

Ser circuncidado significaba que pertenecías a la familia de Dios. Ser incircunciso significa que el poder del nombre de Dios no estaba de tu lado, porque Dios no te protegía. Eras pagano. Sí, es posible que fueras un pagano grande e intimidatorio, pero seguías siendo un mero pagano. Era tan sencillo o tan difícil como eso. Es sencillo porque es evidente. Pero también es difícil porque tantísimos soldados del ejército israelita no lo entendían. Ellos contemplaban a aquel guerrero enorme que se cernía sobre ellos, y se empequeñecían de miedo. David no miraba arriba. Miraba justo delante y decía: "Entiendo la situación como la entiende Dios. A ese hombre no le han circuncidado".

Los israelitas eran presa del miedo, y hoy día muchos de nosotros nos empequeñecemos bajo la sombra del gigante por el mismo motivo: miramos lo que no debemos mirar. Nos fijamos en el tamaño de Goliat sin tener en cuenta su condición. Cuando lo hacemos, permitimos que el tamaño del gigante eclipse el tamaño de Dios. Y así es como perdemos la batalla. Algo pequeño puede eclipsar fácilmente algo grande. El sol tiene un tamaño descomunal, pero si pones una pequeña moneda entre tu ojo y el sol, esta puede tapar el sol, por gigantesco que este sea.

Los hombres veían a Goliat. David veía a Dios. Son dos cosas totalmente distintas. Por decirlo de otra manera, David veía la realidad espiritual tras el problema físico. Lo único que veían los israelitas era lo que veían. A veces Dios permitirá que experimentes un Goliat que te supere, de modo que experimentes a un Dios que es más grande que Goliat. Pero nunca experimentarás al Dios mayor que Goliat si tienes la vista fija en el tremendo Goliat.

Hoy día los gigantes mandan en muchos de nuestros corazones

porque hemos perdido la capacidad de mirar más allá de lo que vemos, para fijarnos en la realidad espiritual que lo rodea. Si no logramos ver la circuncisión porque nos fijamos en la altura, los gigantes en nuestras vidas seguirán dominándonos e intimidándonos.

El punto de vista lo es todo. Pablo nos dice en su carta a la iglesia de Éfeso que nuestra perspectiva sobre la realidad última debería proceder de otro lugar. Escribe que Dios "juntamente con él [Cristo] nos resucitó, y asimismo nos hizo sentar en los lugares celestiales con Cristo Jesús" (Ef. 2:6).

La expresión "lugares celestiales" hace referencia al entorno espiritual. Estamos situados en dos lugares a la vez. Existimos físicamente en el mundo, pero también estamos sentados con Cristo en los cielos. Por medio de su muerte y su resurrección, Jesucristo nos ha dado un asiento en otro lugar. Pero el enemigo intenta que olvidemos esa posición celestial. Si le permitimos que lo haga, limitamos nuestra perspectiva a lo que podemos ver físicamente.

Todo depende del punto de vista.

Cuando mi nieta mayor, Kariss, era una niña, pasaba mucho tiempo en nuestra casa. Me llamaba Poppy, y aunque ahora ya está en la universidad, sigue siendo la niña de Poppy. Un día, cuando Kariss era muy pequeña, salió fuera a jugar y, de repente, la oí gritar con todas sus fuerzas, aterrorizada. Inmediatamente salí corriendo para ver qué pasaba. Uno de los perros del vecino le estaba ladrando, y Kariss estaba paralizada de miedo.

Enseguida la tomé en mis brazos y la abracé. Pronto sus gritos se convirtieron en sollozos, pero entonces hizo algo que nunca olvidaré. Me miró y luego miró al perro, allá abajo. Volvió a mirarme y luego miró al perro otra vez. Entonces sonrió. Ya no tenía miedo. El perro no había cambiado, ni el ladrido tampoco, ni su tamaño. *Había cambiado la perspectiva de mi nieta*. Ahora Kariss estaba en un lugar por encima del perro que le ladraba.

Amigo, debes saber dónde estás sentado si quieres acceder al poder de los nombres de Dios. Estás sentado con Cristo en los lugares celestiales. Esta realidad debería cambiar tu manera de ver a los Goliats que hay en tu vida. Goliat ya no es tan grande cuando, para verlo, tienes que mirar desde los cielos. Puedes ahorrarte mucho tiempo y energía superando a los gigantes a los que te encuentres si aprendes a ver las cosas desde tu posición actual, y no solo tu posición física.

¿Sabes de dónde sacó David su confianza para derrotar a aquel hombre gigantesco? David la obtuvo de lo que vio, y pudo ver lo que vio porque conocía el poder del nombre de Dios.

Cómo abordar a un gigante

¿Cómo te acercas a un problema tamaño Goliat? Te diré una manera de *no* acercarte a tus gigantes, que es con la unción de otra persona, lo cual es exactamente lo que casi le sucedió a David. Después de que algunos hombres oyeran lo que David decía de Goliat, se lo contaron a Saúl. Entonces Saúl convocó a David a su presencia y le interrogó. "No podrás tú ir contra aquel filisteo, para pelear con él; porque tú eres muchacho, y él un hombre de guerra desde su juventud" (1 S. 17:33). Pero David enseguida dijo a Saúl que había matado a un león y a un oso, y una vez más señaló: "y este filisteo *incircunciso* será como uno de ellos, porque ha provocado al ejército del Dios viviente" (v. 36).

"Y Saúl vistió a David con sus ropas, y puso sobre su cabeza un casco de bronce, y le armó de coraza" (v. 38). Pero David casi se cae al suelo. Apenas podía caminar, porque nunca se había probado la armadura que Saúl le había puesto. De modo que el joven David tomó una decisión valiente: se quitó la armadura que le había dado otro y optó por luchar contra el gigante por su cuenta. Eligió librar su propia batalla con las herramientas de que disponía.

No puedes esperar ganar tu batalla con la armadura de otro. Pero muchas personas lo intentan. No solo eso: no puedes dejar que otra persona te imponga su armadura. El mero hecho de que a él le fuera bien no quiere decir que sea la manera en que Dios obrará por medio de ti. La vida del reino no es de talla única. Dios tiene una manera única en que desea llevarte a tu destino. Nunca caigas en la trampa de llevar la armadura de Saúl. En lugar de eso, revístete con el poder de los nombres de Dios.

Para ponerte en situación de invocar la autoridad del nombre de Dios es necesario no solo tu punto de vista (el que tienes desde tu asiento en el reino de Dios en las alturas), sino también el valor para reconocer y usar las fortalezas que Dios te ha dado. Resiste la tentación de copiar a nadie.

Cuando David se acercó a Goliat, lo hizo contando con lo que sabía. Lo hizo con lo que tenía:

> Y tomó su cayado en su mano, y escogió cinco piedras lisas del arroyo, y las puso en el saco pastoril, en el zurrón que traía, y tomó su honda en su mano, y se fue hacia el filisteo (v. 40).

David se enfrentó al desafío con lo que tenía, confiando en su victoria gracias a lo que sabía: aquel gigante no estaba protegido por el pacto.

Además, David *se acercó* al gigante. ¿Recuerdas lo que hacían los israelitas todos los días cuando Goliat se presentaba para retarles? Se iban en otra dirección; se ponían a la defensiva. Pero un cristiano poderoso no marca un tanto si juega de defensa. Es difícil marcar siendo defensa. Un hijo del Rey conquista a sus gigantes cuando pasa a la ofensiva, que es exactamente lo que hizo David.

Goliat respondió al avance de David con su propio desdén:

> Y cuando el filisteo miró y vio a David, le tuvo en poco; porque era muchacho, y rubio, y de hermoso parecer. Y dijo el filisteo a David: ¿Soy yo perro, para que vengas a mí con palos? Y maldijo a David por sus dioses (vv. 42-43).

Goliat echó una mirada a David y pensó que aquello debía de ser una broma, que ni siquiera merecía dedicarle tiempo. Como respuesta, empezó a maldecir a David en nombre de los dioses filisteos. Sin embargo, David no se asustó. Más bien, su respuesta fue épica. Casi podemos oír la música de fondo que va subiendo de volumen y ver la pasión grabada en el rostro de David cuando pronuncia uno de los discursos bélicos más impresionantes de la historia, y nos presenta este nombre de Dios, que tiene una potencia única:

> Tú vienes a mí con espada y lanza y jabalina; mas yo vengo a ti en el nombre de Jehová de los ejércitos [*Jehová-tsabá*], el Dios de los escuadrones de Israel, a quien tú

has provocado. Jehová te entregará hoy en mi mano, y yo te venceré, y te cortaré la cabeza, y daré hoy los cuerpos de los filisteos a las aves del cielo y a las bestias de la tierra; y toda la tierra sabrá que hay Dios en Israel. Y sabrá toda esta congregación que Jehová no salva con espada y con lanza; porque de Jehová es la batalla, y él os entregará en nuestras manos (vv. 45-47).

David no se enfrentó a Goliat con la última tecnología o las armas más nuevas. David ni siquiera mencionó que usaría su honda para derribar a Goliat. En lugar de eso, David dijo que venía "en el nombre de Jehová de los ejércitos". El nombre de Dios era suficiente para que David venciera en el combate, porque David sabía que el nombre de Dios era más que un simple nombre: era una vía para acceder a su poder.

Hace un tiempo acudí al aeropuerto para traer a casa a mi hijo Anthony. (Anthony es mi hijo mayor, así que le pusimos mi nombre.) Me di cuenta de que Anthony fue el tercero en salir del avión, pero mientras íbamos de camino a la zona de llegada de equipajes, se me ocurrió que no debería haber estado tan a la cabeza de la fila. Sin duda no tenía el dinero suficiente para pagar un billete en primera clase, ni había acumulado los kilómetros necesarios para que se lo regalasen. Por lo tanto, me detuve en seco y, volviéndome hacia Anthony, le dije: "¡No me digas que lo has hecho!". Anthony se echó a reír, porque sabía que había descubierto exactamente lo que había hecho.

Mi agenda como orador ha hecho que suba a aviones con frecuencia, lo cual me comporta ciertos beneficios y privilegios, uno de los cuales es volar en primera clase si hay un asiento libre aunque no haya adquirido un billete de primera. De modo que, como Anthony lleva mi nombre, decidió usarlo para aprovecharse de mi privilegio de volar en primera clase.

Amigo, los nombres de Dios vienen con ciertos beneficios y privilegios. *Úsalos.* Te ha dado la autoridad para usarlos de acuerdo con su voluntad. Tiene nombres poderosos, adaptados exclusivamente a tus circunstancias. Sus nombres te pueden llevar a lugares a los que nunca podrías haber accedido solo. Y te pueden dar el poder para derrotar a los Goliats que hay en tu vida.

Al avanzar en nombre de Dios, David se puso en situación de derrotar a alguien que todo el mundo pensaba que era invencible. Al avanzar en nombre de Dios, David esencialmente pasó la pelota. Cuando un *quarterback* recibe un pase del centro, los defensas van a por él. Un defensa o *linebacker* lo puede derribar. El equipo contrario hace todo lo que puede para detenerlo, porque tiene la pelota. Pero en el mismo momento en que el *quarterback* le pasa la pelota a otro jugador que avanza o se la pasa a un receptor, la persecución experimenta un cambio. El equipo de defensas ya no va por el *quarterback*, sino por el jugador que lleva la pelota.

Cuando David se acercó a Goliat con todo el poder del nombre de Dios, pasó la pelota. Dijo: "Yo vengo a ti en el nombre de *Jehová-tsabaoth*". El término *tsabaoth* significa, esencialmente, "de los ejércitos". David sabía que como Dios era el Señor de los ejércitos y el Creador de todas las cosas, la victoria era suya. Las personas pueden enfrentarse al Señor en la batalla; lo que no pueden es derrotarle.

David admitió la supremacía de Dios en la situación, en lugar de intentar sobrellevarla a solas. Entregó la batalla a Dios. Eso no quiere decir que David se sentara y no hiciera nada. Por el contrario, hizo todo lo que pudo, pero lo hizo teniendo en mente una verdad: que Dios entregaría a Goliat en sus manos. David sabía esto no porque Goliat desafiara a David, sino porque desafiaba a Dios. Goliat retaba al pueblo de Dios, que es algo que al Rey no le gusta mucho que haga nadie. David vio la batalla física en la tierra como un reflejo de la lucha espiritual en los cielos.

Lo que haces cuando matas a un gigante

Muchos de nosotros somos como los israelitas, y luchamos con la pregunta equivocada. Estamos tan ocupados intentando discurrir cómo se supone que hemos de vencer a los gigantes de nuestra vida, que no nos formulamos la pregunta más importante: *¿Qué dice Dios al respecto?*

Cuando te planteas cómo superar la situación en la que estás o la oposición a la que te enfrentas (incluyendo la oposición interna, como la adicción, el miedo o la baja autoestima), piensas que la batalla es tuya. Y, en ese caso, es improbable que tengas éxito "Porque no tenemos lucha contra sangre y carne, sino contra principados, contra potestades, contra los gobernadores de las tinieblas de este siglo, contra huestes espirituales de maldad en las regiones celestes" (Ef. 6:12). Y no quiero ofenderte, pero no eres lo bastante listo, inteligente o fuerte como para derrotar a un enemigo de otra esfera. La batalla pertenece a *Jehová-tsabá*.

Goliat no era un enemigo ordinario. Era un gigante con una genealogía que se perdía en los tiempos. David nunca podría haber derrotado a Goliat solo. Nadie podría haberlo hecho.

Muchas de las luchas y los retos a los que te enfrentas se originan simplemente porque vives en un mundo caído. Pero otros son estrategias que Satanás pone en marcha para hacerte caer, derrotarte e impedirte acabar en el lugar donde Dios quiere que vayas. Acéptalo: Satanás te tiene fichado. Te ha estudiado, conoce tus debilidades, sabe exactamente qué hacer para llevarte donde nunca se te ocurriría ir, y hacer lo que nunca habrías pensado que harías. Sabe cómo paralizarte de miedo o desviarte del camino en pos de cosas aparentemente buenas, para apartarte de lo que es mejor: el destino y la victoria para los que fuiste creado.

David mató a Goliat porque sabía que la batalla no era suya. Sabía que Goliat no había sido circuncidado y, por lo tanto, no estaba cubierto por el pacto de Israel con *Jehová-tsabá*. No solo eso, sino que vio que aquel gigante incircunciso insultaba a los ejércitos del Dios vivo. Una vez David captó el meollo espiritual de la crisis física, pudo descansar en la disposición de Dios para luchar y en su capacidad para ganar. Sabía que los ejércitos celestiales lucharían a su lado y por él.

El reposo y la confianza de David en Dios no le enviaron a una tienda de oración donde esperar a que sucediera algo. La oración es esencial, pero pocas veces es lo único que Dios te pide que hagas. El reposo y la confianza de David le llevaron a un arroyo, donde tomó cinco guijarros. Y entonces…:

> Y metiendo David su mano en la bolsa, tomó de allí una piedra, y la tiró con la honda, e hirió al filisteo en la frente; y la piedra quedó clavada en la frente, y cayó sobre su rostro en tierra. Así venció David al filisteo con honda y piedra; e hirió al filisteo y lo mató, sin tener David espada en su mano (1 S. 17:49-50).

David prevaleció con una honda y una piedra. El pasaje señala específicamente que ni siquiera tenía una espada en la mano. Dios quiere que sepamos que esta fue una victoria organizada por los cielos. Dios no quería que David usara armadura, porque entonces se habría llevado parte del mérito.

Algunas de las cosas más increíbles que Dios hará en tu vida sucederán cuando creas que no tienes nada. Piensas que no puedes avanzar, hacer ese cambio, caminar hacia tu destino, derrotar a tu gigante… pero es precisamente entonces cuando es más probable que Dios se manifieste. Cuando gane tu batalla, sabrás quién lo hizo. Sabrás quién debería llevarse la gloria. Y, cuando aparezca el siguiente gigante, sabrás también quién le derrotará: *Jehová-tsabá*.

Después de que David matase a Goliat, le dio publicidad. "Y David tomó la cabeza del filisteo y la trajo a Jerusalén, pero las armas de él las puso en su tienda" (v. 54). David expuso el triunfo. Cuando vas a una cabaña en las montañas, es posible que veas que los cazadores exponen las cabezas de los animales que han matado. De la misma manera, David quería asegurarse de que todo el mundo viera a Goliat de Gat. ¿Por qué era eso importante para David? Porque Goliat no era el único gigante en aquella tierra. Un gigante había sido derrotado, pero eso no quería decir que no hubiera otro a la vuelta de la esquina.

El pasaje también nos dice que David puso las armas en su propia tienda. Llevó el trofeo a la iglesia, para que la gente supiera que *Jehová-tsabá* puede obtener la victoria y que no deberían temer cuando apareciese el siguiente gigante. Pero se llevó la espada a su casa para recordarse lo que puede hacer Dios en una situación que parece inconquistable para todos los demás. Dios nos da cosas que compartir con otros, pero también victorias que son para que las recordemos solo nosotros. Nos recuerdan qué hacer cuando aparezca el próximo gigante.

Reclamación de lo que robó el enemigo

David optó por avanzar en el nombre de Dios, de modo que pudo derrotar al gigante. Se posicionó en el poder del nombre de Dios porque veía la situación desde el punto de vista divino, no el humano. Conservaba una perspectiva celestial en medio de una crisis terrenal, lo cual le daba fe para defender a los israelitas de los filisteos y permitir que su pueblo creciese como nación.

Inmediatamente después de la victoria de David, leemos que los filisteos se convierten en quienes se ponen a la defensiva:

> Y cuando los filisteos vieron a su paladín muerto, huyeron. Levantándose luego los de Israel y los de Judá, gritaron, y siguieron a los filisteos hasta llegar al valle, y hasta las puertas de Ecrón. Y cayeron los heridos de los filisteos por el camino de Saaraim hasta Gat y Ecrón. Y volvieron los hijos de Israel de seguir tras los filisteos, y saquearon su campamento (vv. 51-53).

Saquear un campamento es llevarse los despojos del territorio enemigo. Cuando un ejército saqueaba un campamento, se llevaban armas, armaduras, comida y todo lo que tuviera valor monetario. También reclamaban objetos que en anteriores batallas el enemigo había saqueado de su campamento. Básicamente, el ejército recuperaba lo que había robado el enemigo. Con esos objetos adicionales, el ejército israelita estaba mejor equipado para enfrentarse a los filisteos o a cualquier otro enemigo.

Cuando Dios asegura tu victoria en su nombre, ten la confianza de que su nombre también tiene el poder de devolverte "los años que comió la oruga" (Jl. 2:25).

El nombre de Dios lo abarca todo: pasado, presente y futuro. Pero afecta especialmente a los gigantes que te retan en la vida. Confía en *Jehová-tsabá*. Él es quien te protege.

7

JEHOVÁ-SHALOM

EL SEÑOR ES PAZ

Disturbios.

Esta es una palabra que describe con precisión nuestra época. Otro tiroteo trágico en un instituto, una bomba en un evento público como la maratón de Boston o muchos otros sucesos trágicos… Parece que a cada semana que pasa oímos nuevas noticias de devastación y matanzas en algún punto del mundo.

Nuestro planeta rebosa de guerras, terrorismo y crímenes. Más cerca de casa, a menudo vemos problemas en nuestras propias iglesias debido a cismas socioeconómicos, denominacionales o raciales. A veces los disturbios se infiltran en nuestro entorno laboral simplemente porque nos hundimos bajo la presión de intentar satisfacer todas las necesidades y exigencias de tantas personas con tantas expectativas.

Nuestros hogares también están llenos de disturbios, como señala el índice de divorcios. Hoy día a muchas parejas parece que las ha casado el Secretario de Defensa y no el juez de paz, lo cual crea un entorno en el que medran las discusiones, los malos entendidos, la desatención e, incluso, el maltrato físico y emocional.

Sin embargo, a menudo, la peor agitación es la que tiene lugar dentro del alma humana. Esto sucede cuando te parece imposible vivir contigo mismo, cuando tu sufrimiento, ansiedad, depresión y remordimientos te aplastan, sumiéndote en un dolor que no tiene alivio. Estás en guerra contigo mismo.

Ya sea en el corazón, el hogar, la iglesia o la sociedad en general, hoy día los disturbios tienen el control. Amenazan las estructuras de la normalidad, sobrecargando nuestras emociones, nuestra economía o nuestra capacidad de soportar la presión.

Hoy día algunas personas no usan la palabra "disturbios". Se limitan a decir "drama". Vivimos en un mundo de dramas incesantes. Nuestras vidas están repletas de dramas, nuestros o de otros. No deseamos vivirlo, pero cuando llega, no estamos muy seguros de cómo librarnos de él. Hay tantas personas para quienes las cosas parecen haberse torcido tanto que la depresión clínica y otros trastornos emocionales cada vez van más en aumento, a medida que las personas intentan escapar, alguna manera de amortiguar el dolor, eliminar la angustia y obtener cierta paz momentánea.

A pesar de que en nuestro mundo contemporáneo experimentamos disturbios, estos no son nada nuevo. La búsqueda de paz y de tranquilidad abarca eras y culturas.

El nombre de Dios que vamos a conocer en este capítulo habla directamente a nuestra necesidad de paz, seguridad y estabilidad. Es el nombre *Jehová-shalom*, que significa "el Señor es paz".

El caos o la paz

Hay muchos pasajes en las Escrituras que podrían servir como telón de fondo para nuestra comprensión de Dios como Señor de la paz, pero quiero fijarme en el único pasaje en el que aparece el título *Jehová-shalom*. Lo he encontrado en el libro de Jueces.

Si entendemos el contexto de Jueces, comprenderemos mejor el significado de este nombre. El libro anterior, Josué, cuenta la historia de cómo este condujo a los israelitas a la Tierra Prometida.

Incluso en la tierra de la promesa la gente experimentó dramas. Los habían llevado a su destino, pero seguían enfrentándose al caos. Es evidente que puedes llegar al lugar que Dios tiene para ti y aun así enfrentarte a disturbios.

El libro de Jueces es cíclico. Vemos que hay un patrón que se repite una y otra vez:

- Los israelitas se rebelan contra Dios al pecar.
- Su pecado conduce al castigo y a la disciplina.
- Esta disciplina les induce al arrepentimiento.
- Dios responde a su arrepentimiento con liberación.

Esta sucesión es muy clara en Jueces: pecado, castigo, arrepentimiento, liberación. Una y otra vez, situación tras situación. Descubrimos el nombre *Jehová-shalom* cuando Israel se ve atrapada en esta secuencia:

> Los hijos de Israel hicieron lo malo ante los ojos de Jehová; y Jehová los entregó en mano de Madián por siete años. Y la mano de Madián prevaleció contra Israel. Y los hijos de Israel, por causa de los madianitas, se hicieron cuevas en los montes, y cavernas, y lugares fortificados (Jue. 6:1-2).

Una vez más, Israel se había rebelado contra Dios, y el resultado fue la esclavitud a los mismos enemigos sobre los que debían prevalecer. Dios les había dicho que les enviaba a la Tierra Prometida, donde podían esperar que vencerían a sus enemigos. Sin embargo, resultó que, debido a su desobediencia, los enemigos a los que supuestamente iban a derrotar los habían vencido a ellos. La situación se había invertido porque se habían rebelado contra Dios haciendo lo malo ante sus ojos. Como resultado, permitió que sus enemigos triunfasen sobre ellos.

El principio está claro: la desobediencia trastorna la paz (Is. 57:20-21), pero la obediencia trae paz (Is. 48:18), y la paz acompaña a la justicia (He. 7:2; Stg. 3:18).

Amigo, uno de los mayores malentendidos sobre nuestra Tierra Prometida personal es que allí no tendremos retos. Lo cierto es que puedes estar en la Tierra Prometida y, al mismo tiempo, fuera de la voluntad de Dios. Puedes estar donde se supone que debes estar y, al mismo tiempo, obrar fuera del plan ordenado por Dios.

Alcanzar tu destino no lo cumple. Tu destino incluye tu corazón y tus actos en ese recorrido. Puedes alcanzar tu meta y, sin embargo, seguir derrotado, simplemente porque has apartado tus ojos de Dios.

Aquella era la situación en la que se encontraban los israelitas. Los madianitas eran enemigos de Dios, pero Él les permitió mantener esclavizado a su pueblo durante siete años. Año tras año, los israelitas se enfrentaron a una derrota tras otra. La situación se volvió tan grave que tuvieron que huir y esconderse para protegerse. "Y los hijos de

Israel, por causa de los madianitas, se hicieron cuevas en los montes, y cavernas, y lugares fortificados" (Jue. 6:2).

De hecho, los madianitas obligaron a los israelitas a hacer algo más que esconderse. Les hicieron pasar hambre, desmoralizarse, y les privaron de sus recursos:

> Y [los madianitas] acampando contra ellos [los israeli-tas] destruían los frutos de la tierra, hasta llegar a Gaza; y no dejaban qué comer en Israel, ni ovejas, ni bueyes, ni asnos. Porque subían ellos y sus ganados, y venían con sus tiendas en grande multitud como langostas; ellos y sus camellos eran innumerables; así venían a la tierra para devastarla (vv. 4-5).

En otras palabras, había tantos madianitas enfrentándose a los israelitas que parecían langostas; ni siquiera era posible contarlos. Arrasaban con las cosechas israelitas. Devastaban en poco tiempo sus granjas. Desbarataban años de plantación, esfuerzo y cultivo. Los israelitas hacían lo malo ante los ojos de Dios, de modo que Él apartó de ellos su mano protectora y permitió que los madianitas tomasen el control.

Los madianitas no los vencieron por sí solos. Dios permitió que su pueblo fuera derrotado como consecuencia de los actos rebeldes de Israel contra Él. Dejó que tocasen fondo, del mismo modo que a veces nos deja tocar fondo cuando nos hemos alejado de Él en nues-tros corazones y con nuestros actos.

Como resultado, al final los israelitas hicieron lo que Dios esperaba. Se acordaron de Él. "De este modo empobrecía Israel en gran manera por causa de Madián; y los hijos de Israel clamaron a Jehová" (v. 6).

A menudo, las personas acaban clamando a Dios cuando se ven inmersas en problemas graves. Las oraciones ya no son un ritual re-ligioso agradable. Ya no son una recitación de memoria ni una cos-tumbre espiritual. La comunicación con Dios se vuelve algo más que simplemente hacer lo que otros esperan.

Dios también reconoce esto, y entonces responde. En los siguien-tes versículos leemos lo que tiene que decir a Israel una vez sabe que cuenta con su atención:

> Y cuando los hijos de Israel clamaron a Jehová, a causa de
> los madianitas, Jehová envió a los hijos de Israel un varón
> profeta, el cual les dijo: Así ha dicho Jehová Dios de Israel:
> Yo os hice salir de Egipto, y os saqué de la casa de servi-
> dumbre. Os libré de mano de los egipcios, y de mano de
> todos los que os afligieron, a los cuales eché de delante de
> vosotros, y os di su tierra; y os dije: Yo soy Jehová vuestro
> Dios; no temáis a los dioses de los amorreos, en cuya tie-
> rra habitáis; pero no habéis obedecido a mi voz (vv. 7-10).

Dios recuerda a su pueblo que fue Él quien les salvó, liberó, de-
sató, sustentó y protegió. Sin embargo, a pesar de su mano cariño-
sa, ellos se alejaron de Él y adoptaron los dioses de la cultura ex-
tranjera. El Antiguo Testamento se refiere a esta idolatría. El Nuevo
Testamento a menudo la denomina "carnalidad". La carnalidad es la
conformidad con el dios de la cultura en vez de con el único Dios
verdadero. Un ídolo nunca es solamente un tocón de árbol, una vaca
o un trozo de metal. Un ídolo es algo en lo que confías para que te
provea, dirija y satisfaga.

Los israelitas habían dejado de mirar a Dios como Aquel que
hizo el universo. En lugar de eso le habían añadido a su colección
de dioses. No habían abandonado su religión. Dios seguía allí. Aún
formaba parte de la ecuación. Pero le habían encajado en la multitud
de deidades a las que clamaban. Los israelitas habían olvidado darse
cuenta de que el Dios, que fue lo bastante bueno y poderoso como
para sacarles de Egipto, también podría cuidarles en Canaán.

Hicieron lo que muchos de nosotros hacemos sin pensar.
Demasiados adoramos al único Dios verdadero el domingo, pero el
lunes adoramos otra cosa: el dinero, el prestigio, la fama, la comodi-
dad, las relaciones, a nosotros mismos… cualquier cosa que pese más
que las demandas y dictados de Dios. La voz de ese "algo" se vuelve
más fuerte que la de Él. Empezamos a dudar de que quien nos redi-
mió y rescató sea lo bastante grande como para sustentarnos.

Ser como el vecino

Esta era la situación de los israelitas. Se habían vuelto como los
cristianos culturales de hoy. Querían ser como el vecino. Querían

ser como los amonitas y los hititas. Por lo tanto, Dios les entregó a aquellos que pretendían dominarles.

Como resultado, el profeta les informó de que sus problemas actuales no eran sociales, políticos o económicos. El suyo era un problema espiritual resultante de su alejamiento de Dios. Era "el misterio de la iniquidad" (2 Ts. 2:7).

Dios les había permitido caer tan abajo con el fin de que Él fuera su única opción. A veces Dios permite que a nosotros nos pase lo mismo si le damos la espalda. Nos permite caer a lo más hondo para que sepamos que Él es nuestra única posibilidad de ascender.

Los israelitas clamaron a Dios porque estaban en una mala situación. De modo que el Señor envió un ángel a un joven llamado Gedeón.

Cuando el ángel del Señor se sentó debajo del roble, Gedeón estaba aventando el trigo en el lagar, para esconderlo de los madianitas. Nadie separa el trigo de la paja en un lagar. Un lagar es el sitio donde la gente hace vino. Sin embargo, ahí es donde Gedeón optó por realizar la tarea, porque intentaba sobrevivir. Intentaba hacer lo mejor que pudiera en sus circunstancias difíciles, y sentía que era menos probable que los madianitas descubrieran su trigo en el lagar.

En esta historia sobre la lucha por la supervivencia de Israel, el ángel del Señor se aparece a Gedeón y le dice: "Jehová está contigo, varón esforzado y valiente" (Jue. 6:12).

¿Alguna vez ha habido alguien que haya visto en ti algo que tú no habías visto? Quizá fuera uno de tus padres, un maestro, un mentor, tu cónyuge o un amigo o amiga. Vieron una capacidad o habilidad en ti que tú no habías detectado y te lo dijeron. Cuando eso pasa, es algo positivo, porque te sientes capacitado para estar a la altura de su expectativa. Asciendes a un nivel superior simplemente porque alguien cree en ti.

El ángel del Señor llamó a Gedeón "varón esforzado y valiente". Sin embargo, Gedeón no había librado batallas ni ganado guerras. De hecho, estaba escondido en un lagar, intentando sencillamente sobrevivir. Aun así, el propio Dios creía en Gedeón y le envió el ángel para decírselo.

La respuesta dubitativa de Gedeón se hace eco de la nuestra cuando oímos los planes que tiene Dios para nuestras vidas y las promesas que tiene para un futuro y una esperanza. Gedeón cuestiona a Dios:

Ah, señor mío, si Jehová está con nosotros, ¿por qué nos ha sobrevenido todo esto? ¿Y dónde están todas sus maravillas, que nuestros padres nos han contado, diciendo: ¿No nos sacó Jehová de Egipto? Y ahora Jehová nos ha desamparado, y nos ha entregado en mano de los madianitas (v. 13).

Gedeón quiere saber una cosa: si Dios está con él, ¿dónde está? Si Dios dice que será su Dios, ¿por qué no puede hallarle? Si puede hacer milagros, ¿por qué viven semejante desgracia? A Gedeón no le basta escuchar que Dios es la rueda en medio de la rueda o que es quien abre caminos, la rosa de Sarón y el bálsamo de Galaad.

Todo esto es agradable cuando no hay dramas. Pero Gedeón no necesitaba una rosa de Sarón o el bálsamo de Galaad. Necesitaba una rosa de Gedeón y un bálsamo de los israelitas. Necesitaba algo más que un culto eclesial, un sermón de tres puntos y un himno; esto lo evidencia su acusación: "y ahora Jehová nos ha desamparado".

Gedeón necesitaba a Dios.

Y Dios necesitaba a Gedeón. Planeaba libertar a los israelitas del yugo madianita por medio de ese joven. Por supuesto, Dios podría haber levantado a cualquier otro o incluso liberar a los israelitas sin que mediara nadie. Pero, en este caso concreto, Dios optó por hacer su apuesta por alguien escondido en un lagar: Gedeón. "Y mirándole Jehová, le dijo: Ve con esta tu fuerza, y salvarás a Israel de la mano de los madianitas. ¿No te envío yo?" (v. 14).

La respuesta de Gedeón nos da una visión especial sobre su concepto de sí mismo. "Ah, señor mío, ¿con qué salvaré yo a Israel? He aquí que mi familia es pobre en Manasés, y yo el menor en la casa de mi padre" (v. 15). Básicamente, Gedeón comunicó a Dios que no era "nada de aquello". Era insignificante. No tenía un diploma, un título o un trabajo bien remunerado. Gedeón no había nacido en una cuna de seda.

Sin embargo, bien pensado, quizá por eso le eligió Dios. A menudo Dios llama a hombres o mujeres sencillos para que hagan cosas extraordinarias. Esto se debe a que las personas sencillas saben que no pueden hacerlo solos, tal como demuestra la siguiente petición de Gedeón: "Yo te ruego que si he hallado gracia delante de ti, me des señal de que tú has hablado conmigo" (v. 17).

Entonces Gedeón toma algo de carne y pan sin levadura, y añade un poco de caldo. Prepara un potaje y lo pone delante del ángel del Señor:

> Y extendiendo el ángel de Jehová el báculo que tenía en una mano, tocó con la punta la carne y los panes sin levadura; y subió fuego de la peña, el cual consumió la carne y los panes sin levadura. Y el ángel de Jehová desapareció de su vista. Viendo entonces Gedeón que era el ángel de Jehová, dijo: Ah, Señor Jehová, que he visto al ángel de Jehová cara a cara. Pero Jehová le dijo: Paz a ti; no tengas temor, no morirás. Y edificó allí Gedeón altar a Jehová, y lo llamó *Jehová-salom* (vv. 21-24).

Gedeón experimentó este nombre de Dios, *Jehová-shalom*, cuando experimentó la presencia de Dios. Encontró paz al saber que Dios estaba cerca. Construyó un altar y lo llamó "paz".

¿Qué es la paz?

Esto nos plantea una pregunta: ¿qué *es* la paz? Podemos empezar a responder a esta pregunta diciendo qué no es la paz. No es una tregua o un alto el fuego. Muchas personas sometidas a un alto el fuego viven en una guerra fría. Es posible que no discutan ni se peleen, pero esto no quiere decir que se hablen. Lamentablemente, demasiadas personas identifican una guerra fría con la paz. Pero eso no es más que una tregua.

La paz es más grande que la calma. La palabra *shalom* significa "plenitud, completitud o bienestar". Significa tener todas las cosas bien alineadas y en orden. O, como decimos hoy, la paz significa que se acaban los dramas. Significa armonía y equilibrio. Supone más que sentirse bien en un determinado momento. Incluso es más que la felicidad.

La felicidad depende de lo que suceda. Por ejemplo, alguien podría controlar tu felicidad en función de la información que compartiese contigo. Si te diera una dosis suficiente de información mala o negativa, podría arrebatarte la felicidad. O si te ofreciera una información lo suficientemente creíble, podría aumentarla. Con la paz no pasa lo mismo, porque no depende de las circunstancias. Por eso en Israel, incluso hoy día, oirás el saludo *shalom* aunque la nación siga siendo una zona de guerra constante. La paz tiene que ver con el bienestar independientemente de las circunstancias. Una persona que tiene paz es estable, calma, ordenada y tiene reposo interior.

Un día pidieron a dos artistas que pintasen un cuadro sobre la paz. El que pintara el mejor cuadro ganaría un cuarto de millón de dólares. Como te puedes imaginar, los dos artistas intentaron pintar el mejor cuadro que les fue posible.

El primer pintor se puso manos a la obra pintando un paisaje: un lago sereno sobre el que los rayos del sol incidían en el ángulo preciso para hacer destellar las aguas. Por encima del agua se cernía una neblina del azul más puro, complementando el azul del cielo. El artista añadió la imagen de una niña pequeña que jugaba en la orilla con un globo amarillo atado a su muñeca. A un lado del lago se alzaban unos árboles elegantes, en cuyas ramas superiores descansaban las aves.

Después de acabar el cuadro, el artista dio un paso atrás y exhaló un profundo suspiro de satisfacción. Según pensaba, había retratado la paz, y estaba seguro de obtener el premio.

El segundo artista, cuando pintó su cuadro, tenía una imagen muy diferente. En su cuadro el cielo era negro como el carbón. Los relámpagos zigzagueaban imprevisibles por el aire. Este pintor también introdujo agua, pero las olas de su cuadro rugían como si alguien las hubiera despertado de una terrible pesadilla. Los árboles estaban inclinados, doblados, gimiendo bajo el viento. Parecía más bien un cuadro de una catástrofe.

Pero debajo de todo, casi en el extremo inferior izquierdo, en el borde de una escena tan horripilante, había un pajarillo posado sobre una roca. La avecilla tenía el pico abierto, entonando una hermosa canción. Una débil luz caía sobre el pajarito que cantaba a pesar de las circunstancias en las que se encontraba.

El segundo pintor ganó el premio. Los jueces le eligieron como ganador porque plasmó la manifestación más precisa de la paz: un bienestar que surge del interior, independientemente de todo lo que pase alrededor.

Estar en paz no significa estar tranquilo cuando todo lo que nos rodea lo está. Cuando todo es apacible, se supone que tenemos calma. Estar en paz significa que descansas incluso cuando todo lo demás parece estar mal.

Es posible que los rayos y los truenos resuenen a tu alrededor; es posible que el viento empuje a tu vida unas circunstancias inesperadas y desagradables. Nada parece estar bien. Nada parece prometedor. Todo está oscuro. Pero, en esas circunstancias, la verdadera paz gana la batalla. Esto es así porque la tranquilidad interior apacigua tu mente a pesar del caos exterior.

Jesús dijo claramente: "Estas cosas os he hablado para que en mí tengáis paz. En el mundo tendréis aflicción; pero confiad, yo he vencido al mundo" (Jn. 16:33).

Debemos esperar que en esta vida vendrán días, semanas o incluso meses malos. Todo se debe a que vivimos en un mundo caído, con una humanidad caída, y como hijos rebeldes del Rey. Jesús nos recuerda lo mismo que el ángel dijo a Gedeón: la paz no está definida por nuestras circunstancias.

Una cosa es que el mundo se esté haciendo pedazos; otra cosa es que tú te hagas pedazos con él. A veces no podemos controlar el mundo, pero siempre podemos controlar nuestra reacción ante él. Podemos tener paz incluso en medio de los problemas. Pero, cuando tenemos paz, nuestros problemas no nos tendrán. Puede que se interrumpan las relaciones, que falte el trabajo, que merme la salud. Es posible que la economía siga con sus altibajos. "Pero no temáis", dice Jesús. "Yo he vencido al mundo".

¿Cómo tenemos acceso a este nombre de Dios, *Jehová-shalom*? Lo hacemos al afirmarnos en la fe en nuestra relación con Jesucristo. Cuando le vemos proyectar luz donde antes solo había oscuridad. Cuando Él vence en tu situación, tú también lo haces... en Él. Como Pedro, caminas sobre el agua cuando te centras en Cristo y no te distraen el viento y las olas a tu alrededor. Para quienes conocen su nombre, *Jehová-shalom* trae algo que esquiva a tantas personas que hoy se enfrentan a retos: *reposo*.

¿Te da la sensación de trabajar más duro que nunca y aun así no consigues hacerlo todo? Ahora tenemos acceso a innumerables aparatos que, supuestamente, deberían hacer nuestras vidas más fáciles y agradables. Sin embargo, a pesar de estas cosas, a menudo nos encontramos sobrecargados por reuniones, fechas topes y listas más largas de cosas pendientes.

Shalom nos dice que el secreto para vencer en el drama de la vida es el propio Dios. Descubrimos que este tipo de paz se encuentra en la presencia de Cristo: "Venid a mí todos los que estáis trabajados y cargados, y yo os haré descansar", invita Jesús. "Llevad mi yugo sobre vosotros, y aprended de mí, que soy manso y humilde de corazón; y hallaréis descanso para vuestras almas" (Mt. 11:28-29).

Si Jesús lo hubiera llamado "iYugo", ¿nos habríamos descargado la versión más reciente con más frecuencia de lo que lo hacemos? El iYugo de Cristo trae paz y reposo porque Jesús es el Príncipe de Paz (Is. 9:6), y nos ha dado su paz (Jn. 14:27).

Su paz *es* descargable por medio de una comunión íntima con Él. Y al llevar con fe el yugo de Cristo, encontrarás la *shalom* suficiente en su suficiencia para "querer y hacer" todo lo que agrada a Dios en ti y por medio de ti.

De la misma manera que Gedeón se encontró con *Jehová-shalom* en mitad de conflictos y perturbaciones personales, familiares y nacionales, tú puedes reunirte con Él en medio de tus problemas personales. Gedeón descubrió la manera de poseer el bienestar interior a pesar de los dramas externos. Y lo hizo simplemente sabiendo que el Señor estaba con él. Conocer la verdad y alinear nuestros pensamientos con la verdad son maneras eficaces para experimentar la paz.

A menudo nuestros propios pensamientos interrumpen la paz. Algo tan sencillo pero tan profundo como realinear nuestros pensamientos con la verdad de una situación puede cambiarlo todo. Puede cambiar nuestro punto de vista, nuestro coraje y nuestra confianza.

Para transformar lo que haces, primero debes transformar lo que piensas. Para Gedeón, eso suponía saber que Dios no solo estaba *con* él sino también *por* él. Dios no se había apartado en absoluto de Israel. Los israelitas habían abandonado su presencia debido a su desobediencia y su pecado.

Gedeón todavía no había luchado con los madianitas. Aún no había resuelto el problema del enemigo. Seguía siendo un problema pero, sin embargo, antes de que Gedeón abordase el problema en el entorno físico, levantó un altar para adorar al Vencedor en el ámbito espiritual. Y sobre ese altar alabó a Dios por su paz; no porque la situación hubiera cambiado, sino porque Dios se le había manifestado en medio de ella. Con Dios puedes experimentar paz en cualquier situación. Sin Él, puedes gastar todo lo que quieras, ir donde te apetezca, hacer lo que te venga en gana... pero no tendrás paz. Lo máximo que obtendrás será desviar las ansiedades de la vida, o distraerte para olvidarlas. Si quieres conocer un bienestar y una plenitud verdaderos a pesar de las circunstancias de la vida, debes estar en la presencia de Dios. En su presencia, todas las probabilidades cambian, al igual que las expectativas. Todos los resultados dependen de Él, y no quedan limitados a lo que puedes racionalizar.

Una vez Gedeón aceptó su papel como guerrero y líder del ejército de Dios, reunió a un ejército de más de 30.000 hombres. Sin embargo, cuando Dios vio el ejército de Gedeón, le dijo que era demasiado grande. Trescientos hombres eran todo lo que Dios necesitaba, de modo que hizo que Gedeón redujese el número. Y en el proceso, una vez más dio su paz a Gedeón. Lo hizo impartiéndole su sabiduría y su visión. Le contó un secreto a Gedeón: le dio una exclusiva.

Aconteció que aquella noche Jehová le dijo: Levántate, y desciende al campamento; porque yo lo he entregado en tus manos. Y si tienes temor de descender, baja tú con Fura tu criado al campamento, y oirás lo que hablan; y entonces tus manos se esforzarán, y descenderás al campamento...

Cuando Gedeón oyó el relato del sueño y su interpretación, adoró; y vuelto al campamento de Israel, dijo: Levantaos, porque Jehová ha entregado el campamento de Madián en vuestras manos (Jue. 7:9-11, 15).

Dios dio a Gedeón su paz, a pesar de unas circunstancias que parecían caóticas. Lo hizo por medio de una visión única en la mente del enemigo, que estaba asustado frente a la batalla cercana. Lo cual nos plantea una pregunta para todos nosotros: ¿Cómo podemos descubrir, como Gedeón, que Dios está cerca? Si su presencia es la clave para nuestra paz, ¿cómo permanecemos en ella?

En la carta de Pablo a la iglesia de Roma nos cuenta el secreto para experimentar a *Jehová-salom*:

> Porque los que son de la carne piensan en las cosas de la carne; pero los que son del Espíritu, en las cosas del Espíritu. Porque el ocuparse de la carne es muerte, pero el ocuparse del Espíritu es vida y paz (Ro. 8:5-6).

Pablo nos señala que, si queremos tener paz, hemos de ajustar nuestros pensamientos. La paz empieza por tener una forma de pensar correcta. Está vinculada con la presencia divina de Dios, que se manifiesta por medio de nuestra mente cuando la fijamos en el Espíritu. Dios promete guardar en perfecta paz a aquellos cuyas mentes se centren en Él (Is. 26:3). Cuando esa mentalidad adecuada induce actos correctos, el resultado es la paz (Lv. 26:3, 6; Is. 48:18).

Cuando llega el momento de ahorrar una hora de luz, adelantas una hora el reloj. Cuando en otoño retrasas una hora el reloj, ganas una hora de sueño. No tienes que levantarte tan pronto como lo hubieras hecho de conservar la misma hora. No obstante, para acceder a esta hora de sueño adicional y disfrutarla, tienes que decidir cambiar la hora en el reloj.

La mente puesta en el Espíritu (que intenta adaptar tus pensamientos con el punto de vista de Dios) es una mente llena de paz. Debes fijar tu mente allí, como dice Pablo, o la alarma de la vida te hará dar un salto en el momento equivocado. Tu elección de dónde fijar la mente, como la de elegir cuándo manipular tu reloj, determinará tu respuesta. Una mente puesta en la presencia de Dios, como la de Gedeón, trae vida y paz, *shalom*. Pero la mente puesta en la carne se aboca a la muerte. La muerte es, en última instancia, la separación de Dios. De modo que la mente puesta en el punto de vista humano (la perspectiva del mundo) es una mente carnal. Es una mente que no trae paz.

Cuando perseveras en poner tu mente en el Espíritu, desarrollas el hábito de permanecer en Él. El efecto es parecido al que muchos

llaman nuestro "reloj interno". Por ejemplo, yo ya no tengo despertador. Cuando llega la hora de despertarme por las mañanas, se me
abren los ojos solos. Hubo un tiempo en que tenía que poner el
despertador para levantarme por la mañana. Pero, después de muchos años de levantarme temprano, mi cuerpo ya lo hace de forma
natural. Me he acostumbrado a funcionar de esta manera.

Si no estás acostumbrado a relacionarte con Dios, a poner tu mente en el Espíritu, tendrás que buscarle activamente, leer su Palabra y
conocer sus caminos si quieres habitar en su paz. Sin embargo, con
el paso del tiempo, el proceso de poner tu mente en las cosas del
Espíritu se volverá más natural y menos forzado. La paz personal y
relacional se convierte en una forma de vida en vez de un lugar que
visitas de vez en cuando.

Amigo, ¿quieres tener paz? Solo una persona puede dártela:
Jehová-shalom. Antes de que el director de una orquesta suba al escenario, los sonidos que emiten los instrumentos son discordantes.
Pero cuando llega él, el caos se apaga. Levanta la batuta y el sometimiento a sus directrices por parte de los músicos da como resultado
una hermosa armonía.

8

JEHOVÁ-ROHI

EL SEÑOR ES MI PASTOR

Cuando era pequeño y vivía en Baltimore, uno de mis programas televisivos favoritos era *Supermán*. Me encantaba Supermán. Supermán era capaz de convertir cualquier situación de peligro en un rescate heroico, gracias a su fortaleza y a su astucia.

Cuando fui mayor, la historia de Supermán se volcó al cine. Fui a ver todas y cada una de las películas, aun siendo adulto. Recuerdo concretamente una película de Supermán en la que un hombre estaba atrapado en un incendio y Supermán bajó volando y le libró de una muerte segura. Poco después, mientras volaba por el cielo para llevar al hombre a su casa, este estaba temblando. Supermán le preguntó cuál era el problema, y el hombre dijo: "Tengo miedo... Estamos muy altos, y si me caigo, me mato".

La inquietud de aquel hombre parecía lógica, pero como respuesta Supermán contestó: "¿Cree que tengo el poder suficiente para librarle del fuego pero no para llevarle sano y salvo a su casa?".

Esta ilustración refleja gráficamente una verdad parecida pero más profunda. Algunos de nosotros hemos confiado en el Señor para que nos libre del fuego del infierno, pero no estamos seguros de que pueda llevarnos a salvo a casa. Creemos en Él para la eternidad, pero no tenemos mucha confianza en Él en la historia humana. Sabemos que nos llevará al cielo, pero no si nos cubre las espaldas en la tierra.

Si eres una de esas personas, incluso aunque te dé vergüenza de admitirlo en público, quiero que sepas que el siguiente nombre de Dios es para ti. Lo encontramos en un salmo que tiene el poder de cambiarte la vida. Sin duda ya conoces este salmo, pero no permitas que tu familiaridad con él te impida experimentar su significado pleno. Empieza diciendo: "El Señor es mi pastor".

El nombre de Dios traducido como "Señor" en este versículo es *Jehová*, "el que se revela a sí mismo". El término hebreo para "pastor" es la Palabra *rohi* o *ra'ah*, que significa "cuidar, alimentar, pastorear".

El rey David escribió este salmo y, cuando lo hacía, seguramente recordaba sus años como pastor. Mucho antes de que David fuera rey, fue un joven que estaba a cargo de las ovejas de su padre. Es posible que David echara la vista atrás sobre lo vivido, recordase lo que significaba cuidar de las ovejas, y detectara similitudes con el modo en que Dios le había cuidado en el paso de los años. Por lo tanto, usó su antiguo empleo para describir su relación con Dios y ofrecernos, así, una de las poesías más hermosas y prácticas contenidas en las Escrituras, el Salmo 23.

Si vives en una zona urbana o suburbana, como yo, no encontrarás muchas ovejas. Seguramente tampoco habrás sido pastor. Sin embargo, todo el mundo sabe que la misión de un pastor es cuidar de las ovejas.

Hoy día, muchas personas se fían de determinadas cosas para que les cuiden. Algunos confían en el dinero, otros en el poder, otros en las relaciones, otros en el éxito. Lo peor de todo es que demasiadas personas se fían de sí mismas para cuidar de su vida. Pero David no. David decía: "El Señor es mi pastor". David confiaba en que *Jehová* se encargaría de cuidar su vida.

Fijémonos que David en este salmo usa el tiempo presente. Dice: "El Señor *es* mi pastor". No dice que el Señor *fue* su pastor. Al poner a Dios como pastor en el tiempo presente, David admite que Dios sigue responsabilizándose de él.

Démonos cuenta también de que David usa el pronombre personal "mi". En otras palabras, nos dice que Dios es su pastor personal. A Dios no le interesa solamente el grupo, sino también las ovejas individuales.

A menudo leemos rápidamente esas cinco palabras, sin entender plenamente su contenido. Pero, cuando las examinamos cuidadosamente, nos damos cuenta de que el principio del Salmo 23 es una afirmación impactante. El Señor es un pastor personal, un Dios del aquí y ahora.

En el resto del salmo, David analiza diversas maneras en las que un pastor cuida de sus ovejas y Dios cuida de él. Para ayudarnos a entender este nombre de Dios, *Jehová-rohi*, vamos a dedicar el espacio de este capítulo a pasearnos por este salmo escrito con una gran maestría.

"Nada me faltará"

En la siguiente parte del pasaje, David añade la frase "nada me faltará". En otras palabras, su pastor, el Señor, ha satisfecho todas sus necesidades. Esto es cierto de un buen pastor que cubre las necesidades de sus ovejas, y también lo es de nuestro Señor, que satisface todas las nuestras. Nos tiene totalmente cubiertos. Él es el buen pastor (Jn. 10:14).

En Jeremías 23:4, Dios promete proveer buenos pastores para su pueblo y, como resultado, "no temerán más, ni se amedrentarán, ni serán menoscabados".

En Ezequiel 34:2-4, Dios explica lo que espera que haga un pastor: alimentar al rebaño, fortalecer a los débiles, sanar a los enfermos, vendar a los quebrantados, recuperar a los descarriados, buscar a los perdidos. Esto es lo que significa para Dios ser pastor.

Y aún hay más: "el buen pastor su vida da por las ovejas" (Jn. 10:11). El mejor pastor es aquel que está dispuesto a hacer el sacrificio definitivo, que es poner su propia vida por las de sus ovejas.

Por lo tanto, cuando elijas un pastor para tu vida, la prueba de que es bueno es si está dispuesto a dar su vida por ti. Y tienes pruebas de que Jesucristo es un pastor así, porque precisamente lo que Cristo ha hecho por ti ha sido dar su vida por la tuya. Pero para que sea tu pastor, en primer lugar debes reconocerte como oveja. Los pastores no cuidan de lobos ni de perros, sino de ovejas. Y si no te consideras una oveja, no experimentarás nada de lo que tu pastor tiene para ti.

Lo primero que debes saber de las ovejas es que son los animales más tontos de toda la creación. A lo mejor exagero, pero seguro que no mucho. Si una oveja empieza a caminar en círculos, pronto otra oveja la seguirá, y luego otra, hasta que todo el rebaño esté dando vueltas... mientras piensan que van a alguna parte.

Sabemos que hay domadores de leones, de focas, y otros expertos que pueden enseñar a ciertos animales a responder a las órdenes de las personas. Bueno, pues en un circo nunca verás a un domador de ovejas. Las ovejas no darán volteretas porque se lo pidas, ni saltarán por un aro, ni se sentarán con las dos patas delanteras en el aire. Las ovejas no harán nada de eso porque no tienen lo que hace falta para que alguien las entrene. Son demasiado tontas. Esta es una idea importante que debemos recordar cuando leemos "Todos nosotros nos descarriamos como ovejas, cada cual se apartó por su camino; mas Jehová cargó en él el pecado de todos nosotros" (Is. 53:6).

Además, las ovejas están indefensas. Son presa fácil para los depredadores. Cuando un lobo, un coyote, una hiena o cualquier otro animal de presa se acerca a una oveja, esta ya ha perdido de antemano, porque no tiene la capacidad de defenderse. Esto también se puede decir de muchos de nosotros. Creemos que somos fuertes hasta que nuestro enemigo, el diablo, nos acosa y nos venimos abajo rápidamente.

Además, las ovejas son sucias y no saben limpiarse. Tienen una lana espesa que acumula la suciedad y los restos y no transpira bien, pero aun así no tienen manera alguna de limpiarse.

Y, por último, las ovejas son dependientes. Si quieren llegar al lugar que sea, las tiene que guiar un pastor. Les cuesta seguir una dirección y mantener una posición. No saben adónde ir, o ni siquiera que tienen que moverse.

De modo que cuando David dice que su pastor, el Señor, ha satisfecho todas sus necesidades, se refiere a un buen montón de ellas. Son necesidades de dirección, defensa, limpieza y dependencia, por mencionar solo unas pocas.

Pastos verdes, aguas tranquilas y un alma restaurada

La mayoría de nosotros sabe lo que es que se nos pinche una rueda. ¿Sabes que también puedes tener un alma pinchada? Es cuando tu empuje espiritual se ha levantado y ha abandonado la sala.

Algunas personas han perdido el fuego en su alma. Se arrastran hasta la iglesia… y eso cuando van. A lo mejor eres una de ellas. Quizá ahora mismo te parece que Dios está muy lejos, como si se hubiera ido de vacaciones, y no sabes dónde hallarlo. A lo mejor sientes que un pinchazo desinfla lentamente tu vida, pero a pesar de eso sigues sintiendo en tu interior una angustia que te indica que la quieres recuperar. Quieres ser restaurado; lo único que pasa es que no sabes cómo.

David explica cómo Dios, *Jehová-rohi,* restaura tu alma. Primero, te hace descansar en verdes pastos. Ten en cuenta que este pasaje no dice que Dios te pide que descanses en ellos ni te lo sugiere. Recuerda que estamos hablando de ovejas. Dios *te hace* descansar. Te pone en una situación en la que no tienes más opción que descansar en Él plenamente.

Si alguna vez has tenido en casa un niño pequeñito, te puedes imaginar la situación. Cuando es la hora de que haga la siesta, le dices: "Cariño, es hora de tu siesta"; y ¿cuál es la reacción típica? Normalmente, el niño no hace caso, discute o se rebela. Lo último que quiere hacer un niño de corta edad es echarse a dormir. Seguro que la pequeña Rebeca se está frotando los ojitos con el dorso de sus manos regordetas, pero cuando sacas el tema de la siesta, se negará a obedecer. No sabe lo realmente cansada que está.

Sin embargo, cuando haces que Rebeca se acueste, es probable que se duerma en seguida. No la obligas a acostarse porque te portes mal con ella. De hecho, es justo lo contrario: la haces descansar porque lo necesita (y puede que tú también). Quieres que duerma para que descanse, se recupere y se renueve de las actividades cotidianas.

¿Has pensado que quizá Dios no ha cambiado la situación en la que te encuentras porque espera que te alejes de tu rebelión, abandones tu autosuficiencia y te acuestes? Te mantiene justo donde estás hasta que hayas aprendido a descansar en Él, declarando tu confianza absoluta en Él y tu dependencia.

Cuando Dios te haga descansar, descubrirás lo mismo que David: que elige los pastos más verdes para ello. Te ofrece el más blando de los colchones y la almohada más suave, porque desea que descanses y te recuperes, igual que tú quieres que lo haga tu niño pequeño.

Luego David nos dice que *Jehová-rohi* le lleva "junto a aguas de reposo". Algunas traducciones dicen "aguas tranquilas". En otras palabras, a David no lo llevan junto a aguas rápidas. Esto se debe a que las ovejas no beben del agua que corre. El pastor sabe que las ovejas son torpes para caminar y que, si se meten en aguas corrientes, agotarán tiempo y energías intentando mantener el equilibrio en lugar de beber. Muchas perderán el equilibrio y caerán al agua. Como la gran cantidad de lana se empapa rápidamente, pronto se hundirán. Las ovejas deben beber de aguas remansadas.

Si un pastor no logra encontrar aguas apacibles para sus ovejas, puede abrir un pequeño canal de modo que el agua corriente fluya por este y forme un pequeño charco. Allí sus ovejas podrán beber mientras conservan el equilibrio.

Cuando descansamos en el Señor nuestro Pastor, nos lleva a lugares en los que podemos estar de pie. Nos ofrece hierba verde y aguas tranquilas para que nos restauremos espiritualmente. Como un teléfono inalámbrico que lleva demasiado tiempo alejado de la base, los retos de la vida nos pueden agotar espiritualmente, y necesitamos recargarnos para funcionar de nuevo como Dios quiso.

Pero mientras sigas siendo autosuficiente, nunca descubrirás la bendición del descanso y de las aguas mansas. No mientras sigas pensando que puedes solventar por tu cuenta tus problemas, mientras vagabundees por tus propios caminos.

A menudo Dios permite que vivamos unas circunstancias que nos arrebatan nuestra autosuficiencia, de modo que aprendamos a descansar en Él. Quiere que nos demos cuenta de que si no restaura nuestra alma, nadie lo hará. Si no nos capacita, nos faltarán las fuerzas.

Quiere que tú y yo lleguemos al límite de nuestras fuerzas, de modo que cuando levantemos la vista solo le veamos a Él. Pero algunos de nosotros se clavan al suelo, discuten o se rebelan durante mucho tiempo antes de estar dispuestos a tumbarse y descansar en Él. De modo que Dios permite que sigamos viviendo en entornos que nos obligan a descansar, dejarnos llevar y confiar en que Él cuidará de nosotros.

Y cuando nos dejemos ir, descubriremos (como escribió David) que Dios restaurará nuestra alma. El proceso requiere tiempo, pero el resultado vale la pena. Cuando descansamos en Él, nos devuelve nuestro sentido de esperanza, propósito y vida.

Hace cuarenta años (y veinte kilos) fui salvavidas y monitor de natación. Enseñaba a la gente a nadar. A menudo, las personas que se apuntan a un curso así tienen miedo al agua. Quieren superar su ansiedad por meterse en el agua. De modo que yo aplicaba un proceso docente que empezaba cuando les salpicaba con agua. Quería que se acostumbrasen a la naturaleza impredecible del agua y que descubrieran que podían estar seguros en ella.

El siguiente paso era ayudarles a meter la cabeza bajo el agua. Una vez lo conseguían, les pedía que flotasen de espalda. Esa era la gran prueba. Tumbarse en el agua sin que los pies tocaran el fondo era una situación que a muchos les daba miedo. Cuando no tenían nada bajo los pies, perdían la sensación de control, sobre todo porque aún no sabían nadar.

Pero yo colocaba mis brazos por debajo de ellos, en el agua, y les aseguraba que los tenía sujetos. Mis brazos los sostenían, y yo les decía, cuando estaban allí tumbados, que estaban a salvo. Paso a paso aprendían a sentirse seguros donde antes les embargaba la inseguridad.

Muchos de nosotros tenemos miedo a tumbarnos y descansar. Nos preguntamos cómo vamos a seguir si renunciamos a las riendas del control. Sin embargo, nuestro Pastor nos dice que, antes que nada, debemos echarnos y descansar.

Debemos comprender que, cuando dependemos de Él, descubrimos seguridad y pastos verdes. Nuestra capacidad no nos sustenta, sino sus brazos de amor. Saber esta verdad y aplicarla a nuestros pensamientos y decisiones hará más por restaurar nuestra alma de lo que pueda hacer casi cualquier otra cosa.

Las sendas de justicia

Muchos de nosotros tenemos sistemas de navegación en nuestros coches o *smartphones*. Esos aparatos nos llevan desde donde estamos hasta donde queremos estar. El sistema de posicionamiento global (GPS) usa satélites que pueden contemplar todo el paisaje del mundo y decirnos dónde está situada la mayoría de las cosas.

Ahora bien, si la humanidad puede crear máquinas capaces de verlo todo, sin duda Dios (que creó todas las cosas y conoce dónde está todo lo que hizo) puede guiarnos adonde necesitamos ir. David escribe que *Jehová-rohi* "me guiará por sendas de justicia por amor a su nombre". Dios es nuestro sistema personal de navegación.

El sistema de navegación en tu coche no puede ayudarme cuando voy en el mío. Tu sistema de navegación solo es válido para tu trayecto en el coche. Para viajar en el mío necesito mi propio sistema. Y necesito un sistema que me pregunte dónde estoy, no dónde estás tú. Necesito un sistema que me ayude a encontrar mi posición actual, no la tuya. El peor consejo que podría darle a un conductor desorientado sería depender del sistema de navegación personal de otros.

Lo mismo sucede en la vida cristiana. Una de las peores cosas que podemos hacer es subirnos a la espalda de la relación que tiene con Dios otra persona. Dios desea ser *tu* pastor y guiar*te* en las sendas de la vida, mientras te ocupas en tu salvación con temor y temblor (Fil. 2:12-13).

Un pastor debe guiar a su rebaño porque las ovejas tienden a descarriarse. Si se las deja por su cuenta, habitualmente seguirán su propio camino. Cuando miramos atrás en nuestras vidas, recordamos que hemos tomado sendas erróneas, decisiones temerarias o nos hemos equivocado al elegir. Si nos dieran la posibilidad de volver a vivir nuestra vida, ¿cometeríamos los mismos errores? Seguramente no. Mirando desde esa perspectiva, vemos con mayor claridad nuestras sendas de justicia y la vida abundante. Sin embargo, Dios, tu Pastor, quiere encaminarte por la senda correcta en todas las decisiones que tomes, y está dispuesto a hacerlo desde el principio con solo que le busques y le sigas. No solo eso, sino que Dios puede volver a ponerte en el camino correcto si te has apartado de él.

Un día iba en el coche con mi hijo Anthony y no había conectado el navegador. En mi lista de cosas favoritas no figura interactuar con los ordenadores, de modo que no lo encendí. Pero Anthony sabe que tienen más valor de lo que yo creo, así que lo conectó. Al principio me molestó un poco que lo hiciera, de modo que decidí conducir siguiendo mi propio criterio. Lamentablemente, pronto me di cuenta de que me había perdido. Al fiarme de mi propia orientación, me había apartado de la ruta que nos llevaría a nuestro destino.

Pero fue entonces cuando el sistema de navegación hizo algo estupendo. Una voz computarizada dijo: "Recalculando". Se produjo una pausa. Entonces el GPS determinó dónde estaba respecto a dónde quería estar y me dio una ruta nueva hacia mi destino.

¿Cuántos de nosotros hemos ignorado las instrucciones de Dios y hemos tirado por nuestro propio camino, solo para acabar perdidos? ¿Cuántos de nosotros hemos recibido instrucciones de fuentes equivocadas, como la familia, los amigos, los medios de comunicación, la cultura o incluso nosotros mismos? *Jehova-rohi* es más increíble que un GPS. Puede recalibrar nuestra posición en la vida y llevarnos por el camino que nos llevará adonde Él quería que estuviéramos.

David nos dice que Dios nos guía por sendas de justicia "por amor a su nombre". Como hemos dicho, en las Escrituras un nombre es mucho más que eso. Representa la reputación y el carácter. Refleja la esencia de la persona. Hacer algo por amor al nombre de Dios es hacerlo para la extensión de su gloria y para aumentar su reputación. Dios nos guía por caminos que le glorifican.

Una vez David lo expresó de esta manera: "Engrandeced a Jehová conmigo, y exaltemos a una su nombre" (Sal. 34:3). Engrandecer a alguien es hacer que parezca mayor. No convierte al destinatario en mayor de lo que es realmente, pero facilita que se le vea. No podemos hacer que la gloria de Dios sea mayor de lo que es, pero sí reflejar su gloria a mayor escala de modo que otros puedan verla también.

Valles, sombras, una vara y un cayado

Un valle es una zona baja entre montañas. A menudo es un lugar de vulnerabilidad y riesgo. En las sombras pueden acechar las cosas que intentan apartarte del camino o perjudicarte de alguna manera. Sin embargo, David nos asegura en este salmo que incluso en el valle en que se proyectan sombras de muerte, *Jehová-rohi* ofrece consuelo mediante su presencia, su vara y su cayado.

Casi todo el mundo quiere vivir en lo alto de un monte. Las montañas son lugares donde uno se siente como si viviera en la cima del mundo. Tienes un buen empleo, una gran familia, una economía sólida y una fe firme. En la cumbre todo va bien. Pero con las montañas pasa una cosa: no se puede ir de una cumbre a otra sin atravesar un valle. Las montañas están separadas por valles.

Aunque los valles son inevitables en esta vida, hay buenas noticias. Un valle nos recuerda que por delante hay otro monte. Por eso David escribió: "aunque ande por valle…". No escribió: "Aunque me siente y gimotee en el valle…". Para llegar a la siguiente montaña debes *atravesar* el valle. Tienes que seguir avanzando, porque la única manera de llegar al otro lado es cruzándolo.

Cuando el sol se oculta tras una montaña situada a uno de los lados del valle, las colinas proyectan sombras. Las ovejas no son muy listas, de modo que pueden pensar que la oscuridad significa que se acerca la noche, y quizá se asusten. La noche es cuando salen los zorros, lobos y hienas, los cuales espantan al rebaño. Pero el pastor siempre anima a las ovejas a seguir adelante, por mucho miedo que tengan, a medida que caen las sombras.

Cuando Dios permita que estés en el valle de las sombras, donde todo está oscuro y solo quieres tirar la toalla y abandonar, recuerda que Dios hace sus mejores obras en las tinieblas. Cuando te guía en esos momentos tenebrosos, le ves con mayor claridad, porque te centras intensamente en Él.

Eso no quiere decir que no sientas miedo. David no negó la realidad de la sombra de muerte. Afirmó que a pesar del aspecto que tiene todo en el valle, a pesar de la sensación de ver cómo nos envuelven las tinieblas, no debemos ceder ante el temor porque contamos con la presencia de Dios. Su vara y su cayado nos consuelan. No estamos solos.

En el Salmo 23, la solución de David para el desánimo es el propio *Jehová-rohi*. A veces, en las tinieblas de la tormenta desatada en nuestras vidas, al final llegamos a comprender de verdad y a experimentar la presencia de Dios.

Un día, en el zoo, estaba un niño pequeño con su padre, y fueron a ver a los leones. Uno de los leones más grandes soltó un rugido muy retumbante, el cual hizo que el niño pequeño saliera disparado en dirección contraria. "¡Corre, papá, corre!", gritó mientras movía a toda prisa sus pequeñas piernas.

"No voy a correr a ninguna parte", contestó su padre pausadamente.

El niño se detuvo, contempló la expresión apacible en el rostro de su padre, y preguntó: "¿Por qué no? ¡Mira, hay un león!".

Su padre respondió: "Hijo, mira… El león está en una jaula. No puede hacernos daño".

A menudo el miedo viene dictado por aquello que miras. ¿Qué miras, al león o a la jaula?

Cuando estés en el valle, ¿te fijarás en las sombras o mirarás al Pastor? Los valles son lugares oscuros, eso es innegable. Pero la vara y el cayado del Pastor nos dan consuelo y nos protegen. Un pastor usa su vara para rechazar los ataques del enemigo, y su cayado para guiar

a las ovejas o para sacar a una de un zarzal si se ha quedado atrapada
en él.

Estás más a salvo en un valle oscuro con Dios, en su presencia,
de lo que lo estarías en cualquier otro lugar sin Él. El profeta Daniel
estuvo seguro y en paz en el foso de los leones, mientras el rey, en su
palacio, se pasaba toda la noche en vela, preocupado. Estás mejor con
Dios en un mal lugar de lo que lo estás sin Él en lo que crees que es
un buen lugar.

Así que sigue andando. No tires la toalla. Si el Señor es tu Pastor,
te cubre las espaldas.

Una mesa, aceite y una copa rebosante

La siguiente porción del Salmo 23 hace referencia a nuestras
necesidades físicas. David escribe: "Aderezas mesa delante de mí en
presencia de mis angustiadores; unges mi cabeza con aceite; mi copa
está rebosando".

Un enemigo supone una amenaza para tu seguridad. Puede manifestarse en una persona, una cosa y, sin duda alguna, en el propio
diablo y en sus demonios. Sin embargo, David nos asegura que Dios
prepara una mesa ante nosotros a la vista de aquello que está contra
nosotros. ¿De dónde procede esta imagen?

El pastor llevaba un cinturón en el que sujetaba un trapo. Siempre
que encontraba a una oveja perdida, extendía el trapo en el suelo y
ponía sobre él hierba y forraje para que la oveja perdida pudiese comer. Mientras la oveja comía en la seguridad que le daba el pastor, los
zorros, coyotes y hienas tenían que mantenerse alejados.

Un factor esencial para nuestra comprensión de Dios como nuestro Pastor es que sepamos que es el propio Señor el que prepara nuestra mesa. En su presencia estamos a salvo de nuestros enemigos. Dios
no está sujeto a nuestros enemigos. Es más grande que todos ellos.
Sabe cómo proveer para nosotros en medio de una circunstancia ad-
versa. Puede abrir un camino donde no lo hay, incluso en medio de
una situación que nos sea contraria.

Nuestro Pastor no solo prepara una mesa para nosotros en medio de nuestros enemigos, sino que unge nuestra cabeza con aceite.
A menudo las ovejas iban en busca de bayas y se metían en zarza-
les. Cuando el pastor rescataba a la oveja del matorral, a menudo el

animal presentaba cortes en la cabeza producidos por los espinos. El pastor le ungía la cabeza con aceite y la masajeaba.

Amigo, Dios sabe cómo aliviarte con su aceite de unción. Te facilitará la solución para tu problema o te dará la paz que necesitas para sustentarte mientras vives el problema.

David sigue diciendo: "Mi copa está rebosando". Con esta imagen nos recuerda que, a pesar de la presencia de los enemigos y de las heridas de la vida, tiene más que suficiente para superar la situación. De hecho, tiene tanto que su copa se desborda. Esto nos recuerda a cuando Jesús alimentó a la multitud con los panes de cebada y los pescados. Cuando acabaron de comer, los discípulos tuvieron que guardar canastas llenas de restos, porque Dios había provisto más alimentos de los que pudiera comer aquella gente.

¿Recuerdas cuándo Jesús le dijo a Pedro que se fuera con la barca a lo profundo del mar y echase las redes? Capturaron tantos peces que Pedro se inquietó pensando que se le hundiría la barca debido al peso de la captura.

Dios sabe cómo darte todo lo que necesitas para vivir la vida a la que Él te ha llamado. De hecho, uno de mis pasajes favoritos subraya esto: "Y poderoso es Dios para hacer que abunde en vosotros toda gracia, a fin de que, teniendo siempre en todas las cosas todo lo suficiente, abundéis para toda buena obra" (2 Co. 9:8). Para cada circunstancia de la vida, si miras a Dios, descubrirás que tiene gracia más que suficiente para satisfacer todas tus necesidades.

El bien, la misericordia y la casa de Dios

David concluye su poema con estas palabras: "Ciertamente el bien y la misericordia me seguirán todos los días de mi vida, y en la casa de Jehová moraré por largos días" (23:6).

David podría haber empezado usando una palabra que no fuera "ciertamente". Podría haber dicho "tengo la esperanza de que", "posiblemente" o "quizá". Sin embargo, David no vacila en su creencia, sino que concluye su salmo con toda certidumbre: "ciertamente". En el lugar del que vengo, eso se traduce como "Esto es así, ¡y punto!".

Ciertamente, escribió David, dos perros guardianes te protegen cuando atraviesas ese valle oscuro. El uno se llama Bien, y el otro Misericordia. La misión del perro pastor es la de ir detrás del rebaño y hacer que siga avanzando en la dirección correcta. La bondad y la misericordia de Dios están siempre presentes para guiarnos y dirigirnos en la dirección adecuada. Como resultado, vivirás en la casa del Señor por siempre.

Cuando conozcas el poder del nombre *Jehová-rohi*, descubrirás que Dios puede satisfacer todas tus necesidades espirituales, direccionales, físicas, emocionales y eternas.

En otras palabras, cuando el Señor es tu Pastor, te tiene cubierto. Te protege las espaldas. Además, te lleva a un lugar que es mucho más grande que todo lo que hayas conocido antes.

Por lo tanto, la pregunta es: el Señor, además de tu Salvador, ¿es también tu Pastor? ¿Te has entregado totalmente a Él como oveja dependiente? Hasta que lo hagas, tendrás que buscar tu propio camino por el valle de las sombras, en lugar de seguir a *Jehová-rohi* en la senda de la justicia, que te lleva a pastos verdes y aguas en reposo.

9

JEHOVÁ-NISI

EL SEÑOR ES MI ESTANDARTE

En la iglesia de la que soy pastor en Dallas, Texas, tenemos dos banderas enormes colgadas en las paredes del santuario. Una de ellas contiene las palabras "Señor de señores" y la otra proclama "Rey de reyes". Cuando miras las banderas desde el ángulo que sea, las palabras relucen como si ofrecieran su propia alabanza a Jesucristo.

Estas banderas llevan ahí colgadas desde que tengo memoria, y son nuestra manera de subrayar nuestra creencia en que Jesús es Señor y Rey sobre todas las cosas.

Las banderas han sido importantes a lo largo de toda la historia, como declaraciones visibles de autoridad. Demuestran a quién representas y con quién te has comprometido.

En los Juegos Olímpicos verás cómo los atletas hacen ondear orgullosos las banderas de las naciones a las que representan. Aquí, en Dallas, en un partido de los Cowboys o los Mavericks, a menudo los espectadores ondean banderas para animar a sus equipos y desearles la victoria. Yo he trabajado más de treinta años como capellán de los Mavericks, y hace unos pocos años se llevaron el título de la NBA. Durante el partido inaugural de la siguiente temporada, el día de Navidad, alzaron orgullosos su bandera de victoria sobre una multitud enfervorecida.

A menudo las banderas se cuelgan u ondean para expresar compromiso, lealtad y victoria.

La fe enseña el nombre de Dios

Como estamos descubriendo mediante este estudio, normalmente los nombres de Dios surgen de las circunstancias de la vida. Las personas se ven inmersas en escenarios difíciles que requieren la intervención divina, de modo que Dios se manifiesta por medio de un nombre que se centra directamente en satisfacer la necesidad de ese momento.

La mala noticia es que la vida tiene problemas, pero la buena es que Dios tiene un nombre para todos y cada uno de ellos. Independientemente de las crisis a las que nos enfrentemos, los nombres de Dios nos recuerdan que es capaz de ayudarnos a superarlas.

En el libro de Éxodo encontramos el siguiente nombre de Dios que vamos a analizar. En esa historia vemos al pueblo de Dios durante un momento en que estaba tremendamente abatido. Sabemos que se sentían así porque no dejaban de lamentarse.

Podemos medir la fe que tiene en Dios una persona por su forma de quejarse. Lamentarse de vez en cuando es normal, pero cuando las quejas se convierten en tu *modus operandi*, esto es un indicador claro de que tu fe flaquea.

En Éxodo vemos que el pueblo de Dios se quejó cuando acamparon en Refidim y "no había agua para que el pueblo bebiese" (Éx. 17:1). Su queja tenía que ver con algo más que con el agua. Más adelante, en este mismo pasaje, leemos: "tentaron a Jehová, diciendo: ¿Está, pues, Jehová entre nosotros, o no?" (v. 7).

Podemos juzgar fácilmente a los israelitas y su acusación contra Dios, pero todos nos hemos preguntado en algún momento: "¿Está Dios aquí, o no? ¿Dónde está Dios cuando más lo necesito?".

Esta era la pregunta en la mente de aquellas personas cuando se quedaron sin agua y se preguntaron cómo iban a subsistir. A veces la vida se vuelve tan seca y deslucida que un refresco es más que un deseo: es una necesidad. Dios sabía que tenían esa necesidad. La veía. Por medio de Moisés y de la roca, satisfizo su necesidad y les dio agua.

Sin embargo, como suele pasar con nosotros, justo cuando los israelitas salieron de un apuro difícil, se metieron en otro. En el siguiente versículo leemos: "Entonces vino Amalec y peleó contra Israel en Refidim" (v. 8). Ahora se vieron inmersos en una batalla.

Ten en cuenta que Refidim es un lugar desierto cercano al monte Horeb, donde las fuentes de agua son escasas. El pueblo de Dios estaba agotado y, como hemos visto, su corazón era voluble. Dudaban de la bondad de Dios hacia ellos. Y para rematar todo lo que estaban pasando, ahora tenían que librar una batalla. Ha llegado Amalec, y quiere pelea. Amalec pertenece al linaje de Esaú, una rama del árbol genealógico ancestral de Abraham e Isaac. No obstante, hubo problemas. De hecho, siendo sinceros, debemos admitir que algunos de nuestros problemas más graves a menudo proceden de los miembros de nuestra familia; algo parecido a lo que descubrieron los israelitas aquel día.

Había brotado agua de la peña, y las cosas parecían irse arreglando, pero ahora todo se les vuelve a torcer, haciéndoles preguntarse si Dios está de su parte. Hay cosas de las que podemos huir, y de otras podemos escondernos. Pero esta situación no era ni una ni otra. Moisés admitió que aquella batalla la tendrían que librar sin poder evitarla, a pesar de que el pueblo estaba cansado y mal pertrechado:

> Y dijo Moisés a Josué: Escógenos varones, y sal a pelear contra Amalec; mañana yo estaré sobre la cumbre del collado, y la vara de Dios en mi mano. E hizo Josué como le dijo Moisés, peleando contra Amalec; y Moisés y Aarón y Hur subieron a la cumbre del collado. Y sucedía que cuando alzaba Moisés su mano, Israel prevalecía; mas cuando él bajaba su mano, prevalecía Amalec (Éx. 17:9-11).

Cuando Moisés dijo que subiría a la cima del collado con la vara de Dios en la mano, se refería a un simple cayado de pastor. Pero aquel cayado era importante porque estaba santificado. Era el mismo cayado que se había convertido en serpiente, atraído las plagas y abierto el Mar Rojo. Por medio de él, Dios usó lo natural para realizar algo sobrenatural. Y Dios otorgaba la victoria a los israelitas en la batalla contra Amalec mientras Moisés mantenía en alto el cayado.

La batalla no la decidieron quienes luchaban en ella. Los vencedores y los perdedores no lo fueron por su propia habilidad o fuerza. Más bien, la clave estuvo en la postura de Moisés con el báculo de Dios: ¿podría mantenerlo en alto, o lo bajaría? La suerte de los ejércitos en el valle no estaba vinculada con su educación, sus bienes materiales o su fama. En lugar de eso, estaba inevitablemente unida a lo que hiciera Moisés en el monte.

A menudo, cuando las personas luchan por obtener algo valioso, como un matrimonio, una familia, un hijo, solucionar un problema de salud, encontrar un empleo o demás, acuden a uno de dos extremos. En un extremo, hay gente que solo lucha desde la montaña. Dicen: "Voy a limitarme a confiar en Dios y hablar con Él, y Él lo arreglará todo". Otras personas se van al otro extremo, intentando ganar la batalla en el valle y olvidándose de la montaña. Se fían de sus propias habilidades, voluntad, determinación y recursos para superar todo aquello a lo que se enfrentan, mientras al mismo tiempo se olvidan de mirar a Dios.

Solo cuando aunemos el valle y la montaña obtendremos la victoria. Como creyentes en Cristo y seguidores de Dios, tenemos la responsabilidad de hacer todo lo que podamos en los retos y las pruebas a las que nos enfrentamos. Sin embargo, a menos que Dios también respalde la victoria y participe en ella, nuestros esfuerzos no servirán de nada.

Por un lado, confiamos en que Dios lo arreglará. Sin embargo, por otro también debemos hacer todo lo que Dios nos manda para solucionarlo. Si nos pasamos todo el tiempo leyendo la Biblia, orando y sentados en la iglesia, pero no dedicamos tiempo a hacer las cosas prácticas que son necesarias para superar nuestra prueba, no le damos a Dios nada con lo que trabajar. Moisés no se quedó en el monte y levantó el cayado mientras Josué y los soldados se tomaban un té. Josué y los israelitas tuvieron que poner de su parte en aquel valle para obtener la victoria.

No podemos delegar nuestras responsabilidades en Dios. Pero al mismo tiempo tampoco podemos cargar sobre nuestros hombros responsabilidades que son de Dios. Debemos mantener siempre la tensión y el equilibrio entre ambas cosas. Josué luchó y Moisés levantó el cayado. Si no contactamos con el cielo para las batallas de esta tierra, desperdiciamos nuestras energías.

Por ejemplo, no podemos decir que confiamos en que Dios nos dé un empleo a menos que no cooperemos buscándolo y enviando currículums. Confiar en Dios para obtener la victoria espiritual en nuestras vidas sin hacer lo que está en nuestra mano allá en el valle no conseguirá gran cosa. Debemos combinar el valle con el monte para permitir que el cielo visite la tierra.

Como escribe Pablo, "así pues, nosotros, como *colaboradores* suyos…" (2 Co. 6:1). Algunos dirán que esperan que Dios haga algo, cuando en realidad lo que Él quiere es que caminen por fe. Por supuesto, a veces Dios nos ha ordenado simplemente que esperemos; no digo que esto no suceda. Pero a veces usamos la verborrea teológica para justificar nuestra inactividad irresponsable. Las Escrituras nos señalan el equilibrio:

- "No he visto justo desamparado, ni su descendencia que mendigue pan" (Sal. 37:25).

- "Si alguno no quiere trabajar, tampoco coma" (2 Ts. 3:10).

Debe existir siempre un equilibrio entre lo que hace Dios en la montaña y aquello de lo que somos responsables tú y yo en el valle. Nunca debemos excusar nuestra irresponsabilidad invocando el nombre de Dios. Aun así, nuestra responsabilidad personal por sí sola no basta para conseguir todo lo que quiere hacer Dios en medio de nuestros conflictos.

En este relato concreto de la batalla entre los israelitas y Amalec, este último representa las fuerzas del mal. En nuestras propias vidas, las fuerzas del mal son aquellas que se oponen a los propósitos divinos para nosotros. Todo aquello de nuestra vida que nos aleje de hacer lo que Dios quiere que hagamos, eso es nuestro Amalec. Es lo que nos impide hacerlo mejor, llegar más lejos y vivir nuestro destino espiritual. Amalec puede revestir la forma de un oponente físico, un reto o una prueba, pero hunde sus raíces en la maldad que intenta derrotarnos en el valle de Refidim.

Amalec representaba más que un pueblo adversario de los israelitas: representaba la maldad del pueblo. A menudo, nuestro problema no es solo nuestro. Con esto quiero decir que el problema que vemos no es todo lo que hay. De hecho, si todo lo que ves es lo que ves, no ves todo lo que hay que ver. La batalla a la que te enfrentes puede ser una persona, un lugar, un objeto, una fortaleza, una idea o incluso tú mismo… pero si es algo que anda mal, seguro que está enraizado en el mal. Abordar el problema sin abordar la raíz maligna supone no abordarlo del todo.

Para atacar el mal debes tener en cuenta la realidad espiritual subyacente en la expresión física a la que te enfrentas. Debes abordar las influencias satánicas tras ella. En el valle luchas contra lo físico. En el monte luchas contra lo espiritual; y solo tu conexión con Dios puede librar esa batalla espiritual y vencer.

Si tu Amalec no desaparece, ¿podría ser porque crees que el resultado depende de tus actos? Lo que haces es importante, pero nunca será suficiente, por su cuenta, cuando interviene en el asunto en cuestión una raíz maligna. Levantarse temprano y acostarse tarde no resolverá el problema, porque no luchamos contra carne y sangre. "Porque no tenemos lucha contra carne y sangre, sino contra principados, contra potestades, contra los gobernadores de las tinieblas de este siglo, contra huestes espirituales de maldad en las regiones celestes" (Ef. 6:12).

Muchos de nosotros no nos damos cuenta de que los problemas a los que nos enfrentamos tienen menos que ver con las personas que con los demonios. Muchas de las pruebas, conflictos y problemas que surgen en nuestras vidas son intentos demoníacos de apartarnos de nuestro destino. Sí, las personas intervienen, pero a menudo no son la raíz del problema. Y, a menos que abordemos la raíz del monte además de nuestra responsabilidad en el valle, no ganaremos esta batalla.

Las batallas espirituales agotan

Las batallas espirituales pueden dejarnos exhaustos. "Y las manos de Moisés se cansaban" (Éx. 17:12) mientras sostenía el cayado en la colina. Se cansaba, empezaba a perder fuerzas. La batalla se prolongaba sin cesar, y Moisés sostuvo el cayado en alto tanto tiempo que el peso le empezaba a vencer. El cayado no pesaba más que al principio, pero lo había sostenido en alto tanto tiempo que le daba esa sensación.

A lo mejor te ha sucedido esto. Cuando la prueba se prolonga indefinidamente, empiezas a perder interés en leer tu Biblia. Te cuesta orar cada vez más. Sustentar la esperanza por medio de la confianza en Dios parece todo un esfuerzo.

El problema para Moisés y para los israelitas era que Moisés se cansó. Cuando bajaba los brazos, Amalec prevalecía. De modo que Aarón y Hur trazaron un plan:

Y las manos de Moisés se cansaban; por lo que tomaron
una piedra, y la pusieron debajo de él, y se sentó sobre
ella; y Aarón y Hur sostenían sus manos, el uno de un
lado y el otro de otro; así hubo en sus manos firmeza
hasta que se puso el sol. Y Josué deshizo a Amalec y a su
pueblo a filo de espada (Éx. 17:12-13).

La misión de Aarón y de Hur consistía en sujetar las manos de
Moisés. Eran responsables de preservar el poder espiritual al mantener en alto los brazos cansados de Moisés.

Uno de los motivos por los que amo que Dios crease la Iglesia es
que nos ofrece un lugar donde encontrar a nuestros propios Aarón y
Hur. Cuando la vida te cansa, alguien se pondrá a tu lado y levantará
tus brazos cansados. O quizá conozcas a alguien que está a punto de
tirar la toalla y le darás las fuerzas que necesita para conectarse con
Dios. A menudo llamo a esto "subirse a la espalda de la fe ajena"
cuando estás cansado. Este es el ministerio del cuerpo de Cristo, de
unos para con otros, como Aarón y Hur ayudaron a Moisés en el
monte mientras los hombres luchaban en el valle.

Lamentablemente, algunos miembros del cuerpo de Cristo son
demasiado orgullosos para aceptar la ayuda de Aarón y de Hur.
Creen que pueden cuidarse solos. Pero las batallas pueden agotar
incluso a la persona más fuerte, y todo el mundo necesita a un Aarón
o un Hur que mantenga su espíritu centrado en Dios, sin permitirle
perder de vista el cielo en medio de los problemas de este mundo.

Una tarde, cuando yo estaba predicando esta serie sobre los nombres de Dios, un hombre de nuestra iglesia vino a mi casa. Estaba
angustiado y exhausto. Mantenía la cabeza inclinada, y sus brazos
colgaban inertes a sus costados. Estaba cansado. Amalec se presentaba día tras día en la vida de aquel hombre, y él tenía algunas preguntas que hacerme.

"¿Puedo ir a visitarle?", me preguntó por teléfono la tarde antes
de venir a verme. Percibí la derrota en su voz. "Por supuesto", le dije,
"venga cuando quiera". Así que vino. Estuvimos hablando cosa de
una hora, mientras me describía los retos que la vida seguía interpo-
niendo en su camino. No se los pude resolver. No pude sacarle de
ninguna de sus circunstancias. Pero le recordé la realidad espiritual

subyacente en los problemas físicos. Le recordé la victoria de Dios, su poder y su presencia. Cuando fue el momento de irse, lo hizo sonriendo, con la cabeza alta.

A veces necesitamos a un Aarón o un Hur que nos ayude a reconectarnos con el cielo. Cuando perdemos el contacto con lo espiritual, es fácil que padezcamos una derrota en lo físico. Sin embargo, cuando mantenemos el contacto con lo espiritual, prevalecemos en los valles de la vida.

Algunos de nosotros tiramos la toalla aun sin haber levantado el cayado. Huimos de la batalla sin haber levantado la vara. Josué luchó en el valle y Moisés en la colina. Como resultado de ello, "Josué deshizo a Amalec y a su pueblo a filo de espada" (v. 13). Prevalecieron sobre sus enemigos, igual que tú puedes vencer a los tuyos.

Nunca te contentes con una victoria a medias

Después de la victoria, Dios mandó a Moisés que escribiera un relato a modo de memorial. Quería que dejara por escrito lo que acababa de suceder. En ese relato, Dios dejó claro que borraría por completo la memoria de Amalec de debajo de los cielos. No quería que los israelitas se contentasen con una victoria a medias, del mismo modo que ningún médico querría que un paciente de cáncer se contentase con una cura a medias. Una victoria a medias solo significa que más adelante habrá que librar otra batalla.

Este es un principio importante, porque demasiados de nosotros nos contentamos con victorias incompletas. No nos importa estar rodeados de un poco de maldad, ni si le damos derecho a visitarnos de vez en cuando. Sin embargo, el problema con el mal es que esos derechos de visita pronto se convierten en derechos de propiedad, y pronto nos vemos sumidos en una guerra a gran escala.

Un alcohólico no se contenta con ingerir solo un poco de alcohol. Para escapar de su hábito, normalmente el alcohólico debe llegar hasta el final. Esto es lo que Dios quería para los israelitas por lo que respectaba a los amalecitas. Quería borrar de la tierra su memoria. Lo malo fue que los israelitas no cumplieron su parte del pacto y, más tarde, Dios tuvo que enviar al profeta Samuel a Saúl, el rey de Israel, para reprenderle por no cumplir su mandato de aniquilar por completo a los amalecitas (1 S. 15:10-11). Con un poco de justicia poética, más tarde fue un amalecita quien contribuyó a la muerte de Saúl (2 S. 1:8-10).

Tras la victoria de Josué en el valle y de Moisés en el monte, este último levantó un altar y le puso el nombre que hemos aprendido mediante los principios expuestos en este capítulo: *Jehová-nisi*. El nombre significa "El Señor es mi estandarte [bandera]".

> Y Jehová dijo a Moisés: Escribe esto para memoria en un libro, y di a Josué que raeré del todo la memoria de Amalec de debajo del cielo. Y Moisés edificó un altar, y llamó su nombre *Jehová-nisi* (Éx. 17:14-15).

Para muchos de nosotros, sostener una bandera viene a ser lo mismo que sostener una banderita o un trozo de tela. Pero, en los tiempos bíblicos, una bandera podía hacer referencia a diversos objetos. En este caso, la bandera era el cayado de Dios que llevaba Moisés. La mayoría de nosotros no tiene un cayado así. Sin embargo, Dios nos ha dado una bandera que usamos en el día a día para abordar las realidades y los desafíos de la vida.

Hace unos años vi una película que me indujo a pensar en *Jehová-nisi* y en nuestra bandera. Era la película *El origen*, una de mis favoritas. Tenía intriga y suspenso. Los personajes principales eran capaces de entrar en los sueños de los demás. De hecho, podían acceder a un sueño dentro de un sueño. O incluso en el sueño dentro de un sueño dentro de otro sueño.

Como puedes imaginar, los personajes podían confundirse fácil y rápidamente sobre lo que era real y lo que no. De modo que usaban un objeto para decidir si estaban en un sueño o en la realidad.

El objeto ancla del personaje principal era una peonza. La hacía girar y, si no se detenía, es que estaba en un sueño. Si al final dejaba de girar, estaba en el mundo real. Esta información era importante, porque le indicaba qué podía hacer. En un sueño podía arriesgarse mucho más porque las consecuencias no eran tan graves. Había decidido de antemano cómo actuaría si estuviera en un sueño. Pero solo actuaría así si la peonza no dejaba de girar. Era un instrumento que usaba para medir la realidad.

En la vida, las cosas pueden ser tan confusas que no sepamos si vienen o van. No sabemos si estamos dentro o fuera, arriba o abajo; a veces es una locura. Necesitamos un baremo externo a nosotros que nos pueda decir lo que es real y lo que no. Necesitamos a alguien que no seamos nosotros que nos ayude a interpretar la realidad y a tomar decisiones. Necesitamos un estándar objetivo que no esté vinculado con nuestras emociones, pensamientos o deseos. Ese estándar es Jesucristo. *Él* es nuestra bandera.

En Números 21 leemos una historia interesante que presagia la bandera de Cristo. El pueblo se había rebelado contra Dios, de modo que este envió a unas serpientes venenosas que les mordían. Murieron muchos israelitas. Daba lo mismo adónde acudían en busca de ayuda, porque no se enfrentaban a un problema físico, sino espiritual. Su desobediencia conducía a una consecuencia física, y empezaron a clamar a Dios pidiendo misericordia.

Como respuesta a su clamor, Dios ordenó a Moisés que pusiera una serpiente de bronce en una vara, y que la sostuviera en alto. Dijo a Moisés que comunicara al pueblo de Israel que todo el que mirase la serpiente en la vara (la bandera levantada) viviría. Pero todo el que buscara su propia solución o cura moriría. Esto era así porque Dios había levantado una sola bandera, y solo quienes la miraban vivían.

Amigo, nuestra *nisi* hoy es Jesucristo. "Y como Moisés levantó la serpiente en el desierto, así es necesario que el Hijo del Hombre sea levantado, para que todo aquel que en él cree, no se pierda, mas tenga vida eterna" (Jn. 3:14-15). Todo el que mire a Jesús, nuestra bandera, vivirá. Independientemente de lo bueno que seas, de lo mucho que te esfuerces, de cuánto dinero ganes, de lo mucho que trabajes… todos tus esfuerzos acabarán en nada si no miras a Cristo, nuestra bandera, para obtener tu victoria eterna.

Incluso si haces todo lo que crees que debes hacer en este mundo, a menos que pongas tu vista en Jesucristo y obres conforme a su voluntad, su Palabra y su estándar, no dispondrás de la ayuda espiritual necesaria para superar las batallas que encuentres en el valle. Si Jesús no es más que un añadido a tu vida y no el estándar por el que determinas la realidad y tomas decisiones, podrás hacerlo lo mejor que puedas en la batalla, pero perderás.

La solución a muchos de tus "problemas Amalec" está justo delante de tus ojos. Puede que hayas estado años trabajando, intentando resolver algo que Dios puede solucionar en un solo día. Sin embargo, Él no lo hará hasta que le considere tu bandera. Puede que te pesen las manos, y el diablo hará que te canses, pero nunca seas lo bastante orgulloso como para impedir que Aarón y Hur se pongan a tu lado y te ayuden a volver a levantar tus brazos hacia Jesucristo.

E incluso aunque Dios no siempre cambiara tu situación, *te* cambiará en medio de ella de modo que tengas paz donde parece no haberla. Experimentarás gozo donde no pensabas que pudieras tenerlo. Conocerás poder donde pensabas que no lo había, y paciencia cuando no creías posible ser paciente. Y en los momentos en que normalmente abandonarías, seguirás adelante, porque cuando miras a *Jehová-nisi* (Jesucristo), su poder espiritual afectará a tu realidad física. Jesús es nuestra vara (Is. 11:1, 10).

Antes de rendirte, mira a lo alto. Fija tus ojos en Jesús, tu *nisi*. Tu victoria ya es segura. Como los luchadores profesionales que luchan partiendo de una victoria predeterminada, siempre triunfarás (2 Co. 2:14), siempre que Jesús te guíe, porque Él ya ha derrotado a Satanás mediante su obra en la cruz (Col. 2:15). Nos ha hecho más que vencedores, sin que importe lo que la vida ponga en nuestro camino.

10

JEHOVÁ-MEKODDISHKEM

EL SEÑOR QUE SANTIFICA

Todos hemos visto señales de "Prohibido el paso". Alertan al personal no autorizado para que no entre en un lugar determinado. Nos recuerdan que algunos lugares no son de acceso público a menos que uno haya sido debidamente autorizado a entrar. Se ha puesto una frontera que mantiene fuera a las personas indeseadas. Se nos advierte que no efectuemos una entrada ilegal o ilegítima en el área donde se yergue la señal. De hecho, a menudo las señales de "Prohibido el paso" incluyen la advertencia "Los infractores serán sancionados".

El libro de Levítico es la señal de "Prohibido el paso" de Dios. Es donde Dios llama claramente a su pueblo a apartarse del resto del mundo. Les manda que lleven una vida de santificación, que no permitan que la forma de pensar del mundo y sus caminos controlen sus mentes, cuerpos o espíritus.

Levítico, al contener tanta información preciosa sobre cómo vivir una vida de santidad ante Dios, es uno de los libros más importantes de la Biblia. Sin embargo, seguramente es uno de los menos leídos. Muchas personas leen Génesis y Éxodo y luego se saltan Levítico de camino a Números, porque Levítico parece que no tiene nada que ver con nuestro mundo real. No obstante, Levítico es un libro profundo cuando lo entendemos bien. De hecho, no es posible apreciar el libro neotestamentario de Hebreos a menos que se entienda Levítico, porque buena parte de lo que aparece en Hebreos se fundamenta en las instrucciones divinas en Levítico.

Librados con un destino

Al final de Éxodo, el pueblo de Israel ha salido de Egipto. El pueblo de Dios ha sido librado de la esclavitud y puesto en el camino hacia su destino. Van de camino a la Tierra Prometida en Canaán, que alcanzarán en el libro de Números. Sin embargo, encajado entre Éxodo y Números encontramos Levítico, al que a veces se llama "el libro de la vida", porque en este libro Dios expresa su deseo y su plan para que su pueblo viva en una relación continua con Él.

En Éxodo descubrimos por qué Dios libertó a su pueblo: para que le adorasen. "Jehová el Dios de Israel dice así: Deja ir a mi pueblo a celebrarme fiesta en el desierto" (Éx. 5:1). Por medio de Moisés, Dios ordena repetidas veces a Faraón que deje ir a su pueblo para que puedan adorarle.*

El libro de Levítico ofrece preceptos y principios sobre cómo los seguidores de Dios deben mantener comunión con Él en la intimidad. Es el mapa para vivir la vida en este mundo. Por medio de esta relación permanente con Dios, cada uno de nosotros puede experimentar la vida abundante que Jesús promete en Juan 10:10.

Dios no liberó a los israelitas de la esclavitud en Egipto solo para que fueran esclavos en Canaán. Más bien, les libertó para que pudieran vivir el destino que Él les había preparado.

De igual manera, Dios tiene un plan para cada uno de nosotros. Solamente lo cumpliremos en su máximo nivel cuando alineemos nuestras vidas de modo que tengamos la relación correcta con Él, y esto exige la comprensión de su santidad y la separación para ella, por medio del proceso de santificación. Cuando nuestras vidas se santifican, reflejamos mejor la imagen de Dios a la que hemos sido creados.

Se cuenta la historia de una niña que, junto a su madre, volvía de la iglesia a casa cuando se dirigió hacia ella y le dijo: "Mamá, el sermón del predicador de esta mañana me ha extrañado".

"¿Ah, sí? ¿Y por qué?", preguntó la madre.

La pequeña respondió: "Bueno, es que el predicador ha dicho que Dios es más grande que nosotros. ¿Es cierto?".

---

* Éxodo 4:23; 7:16; 8:1; 9:1, 13; 10:3. La Reina-Valera usa el verbo "servir" en estos versículos, pero la NVI y la NTV usan "adorar" o "rendir culto".

"Sí que lo es", repuso la madre.

"Y también ha dicho que Dios vive en nosotros. ¿Eso también es verdad, mami?".

De nuevo la madre respondió que sí.

"De acuerdo", dijo la niña. "Pero si Dios es más grande que nosotros pero vive en nosotros, se le tendría que ver, ¿no?".

En nuestro camino con nuestro Señor y Salvador, todos y cada uno deberíamos reflexionar sobre esta pregunta tan pragmática de esa niña. Eso es exactamente lo que Dios quiere hacer: revelarse a sí mismo, su gloria y su santidad por medio de nuestras vidas cotidianas.

Este es uno de los motivos por los que Dios liberó a los israelitas de su esclavitud en Egipto, y es una de las razones por las que nos libra hoy de la esclavitud del pecado por medio del sacrificio de Jesucristo: para santificarnos de modo que, por medio de nuestra intimidad con Él, pueda "hacerse ver" a otros.

Lo común, lo profano y lo sagrado

A lo largo de Levítico, Dios prepara a sus hijos para su destino instruyéndoles cómo adorar y caminar con Él una vez lleguen allí. Dios sabe que su éxito en la Tierra Prometida dependerá de su relación con Él. Quiere lo mejor para ellos, de modo que, en este libro de liturgia y vida, expone sus expectativas y la clave para su provisión en ese nuevo capítulo en la vida de su pueblo.

Hay tres palabras que te ayudarán a comprender la importancia y el significado del libro de Levítico, y me gustaría que las comentáramos antes de pasar al nombre de Dios que estudiaremos en este capítulo. Estas palabras nos ayudan a entender cómo este nombre concreto de Dios se aplica a nuestras vidas cotidianas. Las palabras son "común", "profano" y "sagrado". Todas las cosas, actos y personas se encuadran en una de estas tres categorías.

Lo que es común es algo que Dios ha creado como normal, ordinario. Existe para el bienestar general de todos los afectados. No tiene nada especial, en ningún sentido.

Lo que es profano incluye las cosas contaminadas, impuras o sucias. Son actos, actitudes y personas destructivas.

Lo que es sagrado es especial para Dios y refleja su gloria. Estas cosas únicas incluyen la presencia, los mandatos y los propósitos de Dios.

Las cosas comunes (ordinarias, normales) siguen siéndolo hasta que las vuelves profanas o sagradas. El área de la normalidad es la zona en la que las cosas permanecen en un terreno neutral. No son ni buenas ni malas; simplemente *son*.

Por ejemplo, el apóstol Pablo nos dice en 1 Timoteo 4:4: "Porque todo lo que Dios creó es bueno, y nada es de desecharse, si se toma con acción de gracias". Pero luego añade que estas cosas se santifican por medio de la Palabra de Dios y la oración (v. 5).

Pensemos en otro ejemplo: los días de la semana. Cuando Dios creó y dividió la semana en días, dijo que cada uno era bueno. Cuando llegó al sábado, las Escrituras nos dicen que descansó y santificó ese día (Gn. 2:3).

Santificar el séptimo día no hizo que los seis anteriores fueran malos. De hecho, Dios ya había afirmado que eran buenos. Solo significaba que no eran días *santificados*. Dios separó el séptimo día para santificarlo. Aquel día era especial porque Dios hizo algo especial en él. En realidad, fue tan especial que más tarde Dios ordenó a su pueblo que recordara el año sabático para santificarlo, y que recordara el año del jubileo como un lapso de tiempo santificado. Esos días y años fueron apartados para Dios, y Él se revelaría por medio de ellos de una nueva manera.

El Dios que santifica

Teniendo este trasfondo de las diferencias entre lo común, lo profano y lo sagrado, llegamos a nuestro siguiente nombre de Dios. Aparece en el libro de Levítico como parte de las instrucciones de Dios sobre cómo debemos maximizar nuestra comunión con Él y cumplir el destino para el que hemos sido llamados. Leemos: "Santificaos, pues, y sed santos, porque yo Jehová soy vuestro Dios. Y guardad mis estatutos, y ponedlos por obra. Yo Jehová que os *santifico*" (Lv. 20:7-8).

Este es otro nombre compuesto de Dios. Combina un apelativo que ya hemos examinado, *Jehová*, con el adjetivo *mekoddishkem*. A veces se condensa bajo la forma *Jehová M'kaddesh*. Este nombre significa, sencillamente, "el Señor que santifica".

El verbo *kaddesh* ("santificar") aparece cientos de veces en la Biblia, pero la vinculación compuesta de esta palabra con Jehová aparece solo dos veces, aquí y en Éxodo 31:13: "Tú hablarás a los hijos de Israel, diciendo: En verdad vosotros guardaréis mis días de reposo; porque es señal entre mí y vosotros por vuestras generaciones, para que sepáis que yo soy Jehová que os *santifico*".

El nombre *Jehová-mekoddishkem* es importante para nosotros en nuestra vida cotidiana porque nos lleva más allá de nuestra mera existencia o de los sucesos de la vida. *Jehová-mekoddishkem* es un nombre vivificador. Escondido en Levítico, el propio "libro de la vida", es el secreto para experimentar toda la vida que Dios tiene para nosotros.

A lo largo de las Escrituras, Dios detalla a fondo nuestra necesidad de ser santificados. Pero uno de los lugares donde la enfatiza es en este pasaje, donde el nombre aparece en Levítico. Recuerda a los israelitas que Él es el Dios que los sacó de la esclavitud de Egipto, y que lo hizo con un propósito. Lo hizo para ser *Jehová-mekoddishkem* para ellos. Lo hizo para santificarlos. Lo hizo entonces igual que ahora desea santificarte a ti y a mí por medio de la muerte, sepultura y resurrección de Jesucristo.

El nombre *Jehová-mekoddishkem* difiere un poco de los otros nombres que hemos estudiado. Este nombre de Dios infunde poder en nuestras vidas cuando recibimos por fe todo lo que quiere hacer en nosotros y por medio de nosotros. Significa un acto del que somos receptores, el acto de la santificación que Dios hace en nuestra vida.

En Levítico, Dios nos da algunos de los motivos por los que debemos ser santificados por él:

> Guardad, pues, todos mis estatutos y todas mis ordenanzas, y ponedlos por obra, no sea que os vomite la tierra en la cual yo os introduzco para que habitéis en ella. Y no andéis en las prácticas de las naciones que yo echaré de delante de vosotros; porque ellos hicieron todas estas cosas, y los tuve en abominación. Pero a vosotros os he dicho: Vosotros poseeréis la tierra de ellos, y yo os la daré para que la poseáis por heredad, tierra que fluye leche y miel. Yo Jehová vuestro Dios, que os he apartado de los pueblos… Habéis, pues, de serme santos, porque yo Jehová soy santo, y os he apartado de los pueblos para que seáis míos (Lv. 20:22-24, 26).

Dios sabía que los israelitas se dirigían a una tierra de abundancia… y de tentación. En esa tierra habría cananeos, heteos, amorreos, jebuseos y muchos otros pueblos. Esas personas no vivirían conforme a los estándares de Dios. No tomarían sus decisiones basándose en el paradigma del reino que Él tiene.

Dios sabía que cuando su pueblo llegase a su destino, estaría rodeado de gentes que pensarían diferente, tendrían otro aspecto, caminarían y hablarían distinto, creerían otras cosas y vivirían conforme a otro programa. Dios no quería que los paradigmas de esas gentes pasaran a ser los de su pueblo una vez llegados a su Tierra Prometida.

Esto se debe a que su protección por pacto dependía de la relación que mantuviesen con Él. Y sabía que si adoptaban los caminos del mundo en el que vivían, el mundo pronto sería más fuerte que ellos y la tierra los expulsaría de su seno.

Para mantener esta protección y provisión dependientes de un pacto, los israelitas debían conservar su unicidad (su santidad) delante de Él. Dios les dijo que, cuando hicieran eso, Él mismo expulsaría a sus enemigos del territorio. Sin embargo, si se unían a sus enemigos para ser como ellos, serían derrotados. No gustarían la victoria que Dios les había prometido, porque esa victoria dependía de su santificación. Él es *Jehová-mekoddishkem*, el Señor que santifica.

La santificación es el proceso por el que Dios nos *aparta del* pecado y de la injusticia y nos *acerca* a su persona y a sus propósitos. Nos hace únicos, apartados y santos. Pasaremos toda la vida sometidos a Dios y a su gobierno absoluto, siguiendo el programa que Él detalla en su reino.

Por lo tanto, ¿qué significa exactamente ser santificado, y cómo lo conseguimos? El verbo "santificar" y sus diversas formas se usan a menudo en el Antiguo y en el Nuevo Testamento. Básicamente significa "apartar, separar". Hay otra serie de palabras, como "santo", "consagrado" y "sagrado", que transmiten un significado parecido.

Todas estas palabras son sinónimos o derivados de "santificar". Algo se santifica cuando se lo aparta de las cosas comunes, ordinarias y regulares de la vida. Está hecho para que sea especial, único, uno solo en su clase. Pasa del ámbito de lo común a la esfera de lo sagrado. Esto también es aplicable a las personas.

Muchos de nosotros tenemos lugares santificados en nuestro hogar. Cuando yo crecía en el hogar de mis padres, el lugar santificado era la sala de estar. Independientemente de cuál fuera la ocasión, no se nos permitía jugar en el salón. De hecho, hasta el día de hoy los muebles de la sala de estar de mis padres están cubiertos por una funda de plástico, de modo que se mantienen separados del uso cotidiano. Mis padres casi nunca entran en el salón a menos que tengan visita. No cabe duda de que, según su diseño, es una estancia normal en la casa, pero como no la tratan como una habitación normal, se ha vuelto algo apartado y sagrado, o único.

Quizá tienes platos santificados (de porcelana). No los usas durante las comidas normales, cotidianas. Los sacas para celebrar algunas fiestas, cuando tienes invitados o en otras ocasiones especiales. Es posible que los platos normales estén en un armario normal, pero seguramente el armario que contiene tus platos de porcelana es más caro y refleja el esplendor de los platos, porque son sagrados: especiales, caros y únicos.

A lo largo de toda la Biblia, Dios aparta sus cosas y personas sagradas. Nosotros debemos tratarle como santo en un grado incluso mayor. Dios empieza los Diez Mandamientos recordando a los israelitas quién es, tras lo cual les da el mandamiento de ponerle siempre en primer lugar. Dice: "Yo soy Jehová tu Dios, que te saqué de la tierra de Egipto, de casa de servidumbre. No tendrás dioses ajenos delante de mí" (Éx. 20:2-3). Se nos ordena que apartemos a Dios de todo lo demás. Dios no debe ser uno entre muchos dioses. Debe ser santificado y tratado como el ser único que es.

La santificación empieza en el interior

En 1 Tesalonicenses 5:23 descubrimos un método que usa Dios para fomentar el proceso de santificación en nosotros. "Y el mismo Dios de paz os santifique por completo; y todo vuestro ser, espíritu, alma y cuerpo, sea guardado irreprensible para la venida de nuestro Señor Jesucristo".

Cuando Dios dice que quiere santificarnos por completo, es otra forma de decir que debemos ser totalmente transformados. Es el proceso de crecimiento espiritual mediante el cual Dios nos hace progresivamente más semejantes a Jesucristo. Empieza en el instante en que somos salvos y se extenderá hasta el día de nuestra muerte.

Dios está activo transformándonos de dentro hacia fuera. Por favor, date cuenta del orden de la transformación en este versículo. La transformación que hace Dios de nosotros empieza dentro, en nuestro espíritu, y luego se extiende desde allí hasta nuestras almas y por último a nuestros cuerpos. Este orden es trascendental, porque significa que nuestra actuación externa por sí sola nunca nos llevará a donde Dios quiere que estemos. Nunca podremos complacer a Dios solo con nuestro rendimiento. El cuerpo, que representa nuestros actos externos, es el último en el orden de transformación por un motivo muy sencillo.

El problema de un ladrón, por ejemplo, no está en sus manos. El problema está en su mente o espíritu, que le dice que robar está bien. Transforma el espíritu y las manos irán detrás. De no hacerlo, puedes esposar a un ladrón y llevártelo, pero por dentro seguirá siendo ladrón, y cuando tenga una oportunidad robará de nuevo.

Hay demasiados cristianos que quieren acceder al perdón de Dios respecto a los pecados o los malos hábitos en sus vidas sin pasar por una verdadera transformación interior. Pero Dios empieza con el espíritu, porque nuestro espíritu es la parte de nuestro ser unida a su Espíritu en nosotros. Cuando Dios nos fortalece y nos hace madurar en nuestro espíritu, nuestra alma (gracias a la cual somos conscientes de nosotros mismos) y nuestro cuerpo (por medio del cual nos relacionamos con el mundo exterior) seguirán la misma línea.

La santificación es mucho más profunda que la mera sumisión a normas o reglamentos externos. Conlleva alinear nuestro espíritu con el Espíritu de Cristo en nosotros. No es una santidad externa, sino más bien una santidad que nace de dentro y afecta a lo externo. En 1 Juan 2:15 se nos dice que: "No améis al mundo, ni las cosas que están en el mundo. Si alguno ama al mundo, el amor del Padre no está en él".

Seamos totalmente sinceros en nuestra exposición de la santificación y admitamos que el mundo a menudo puede ser divertido. Ofrece muchos tipos de placeres, y la diversión no es necesariamente mala. De hecho, la Biblia nos exhorta a disfrutar de todas las cosas buenas que Dios nos ha dado.

Cuando Dios nos dice que no amemos el mundo, no nos sentencia a una vida de aburrimiento. Más bien nos advierte que no adoptemos el punto de vista que no encaja con sus estándares. Cuando adoptamos el paradigma del mundo como nuestro, ya no nos distinguimos de él. Perdemos la manifestación de la obra santificadora de Dios en nosotros.

Para experimentar la plenitud del poder santificador de Dios en nosotros, debemos consagrarnos a Él. Como leímos antes: "Santificaos, pues, y sed santos, porque yo Jehová soy vuestro Dios. Y guardad mis estatutos, y ponedlos por obra. Yo Jehová que os santifico" (Lv. 20:7-8).

Dios no nos santifica hasta que nos consagramos a Él. En otras palabras, Dios responde a nuestra decisión de ser consagrados. No nos obliga a tomar esa decisión.

Amigo, nunca experimentarás el poder de Dios que hace cosas, que cambia las situaciones a tu alrededor, que les da la vuelta o que trabaja a tu lado a menos que Él vea que te has consagrado a Él. El efecto de su obra santificadora está directamente vinculado con la profundidad de tu consagración. Ten en cuenta que el versículo 7 viene antes que el 8. En tu vida, tu consagración viene antes que su santificación.

Quizá no veas la mano sobrenatural de Dios en tu vida porque estás demasiado apegado a este mundo y a la forma de pensar de este. Dios te ofrece todo el poder que necesitas para experimentar plenamente la vida abundante, pero accedes a ese poder por medio de tu propia consagración personal.

Nuestra iglesia dispone de unas instalaciones dedicadas al deporte, muy completas, en un edificio que llamamos *Family Life Center*. Este gimnasio dispone de todo lo que necesita una persona para desarrollar y conservar un cuerpo en forma. En determinado momento de mi vida yo tenía la costumbre de levantarme a las cinco y media de la mañana, usaba la cinta continua en mi casa, y luego me dirigía a las instalaciones deportivas para levantar pesas. Sin embargo, en algún punto del camino mi agenda empezó a pesar más de lo habitual, y empecé a posponer mi visita acostumbrada al gimnasio. Antes de que me diera cuenta había pasado un mes y no había puesto los pies allí. A veces iba a entrenar, pero solo de tanto en tanto. Empezaron a transcurrir meses seguidos en los que solo acudía una o dos veces.

Estaba claro que no era suficiente para alcanzar los objetivos deportivos que tenía en mente.

Disponía de unas instalaciones deportivas excelentes, con todo el equipamiento necesario para hacer un entrenamiento cardiovascular, de musculación y *fitness*. El gimnasio había sido "apartado" para quienes querían conseguir una mejor forma física en unas instalaciones dedicadas a ello. No obstante, a menos que yo eligiera consagrarme a aparecer por allí y hacer el trabajo necesario, no recibiría los beneficios que nacen de un gimnasio "santificado".

Quizá te preguntes qué tiene que ver un gimnasio con el nombre que estudiamos en este capítulo. En Hebreos 10:10 leemos que la sangre de Jesús nos santifica. Nuestra santificación ya está comprada y pagada por completo. Se nos ha dotado de una provisión para que todos vivamos una vida plena y abundante. Sin embargo, Dios no permitirá que tú o que yo nos beneficiemos de la santificación que ha comprado hasta que decidamos ponerla por obra en nuestra vida.

Hasta que te consagres a Él, *Jehová-mekoddishkem* será solo un nombre para ti, difícil de pronunciar y aún más difícil de experimentar. Pero cuando te consagres, empezarás a experimentar su transformación en tu vida. Empezarás a perder el deseo por hacer las cosas como las hace el mundo, y alinearás con el propio Dios una mayor parte de tu vida.

Hace un tiempo tomé la decisión de eliminar la mayor parte del azúcar que tomaba. Sabía que no era buena para mí, de modo que opté por eliminar los postres y otras fuentes de azúcar. Al principio tuve que luchar duramente, porque mis impulsos me recordaban lo que había renunciado. Pero, antes de darme cuenta, como me consagré por entero a mi decisión, perdí la mayor parte de mi deseo, por no decir todo, de tomar alimentos azucarados.

Cuando decides consagrar tu vida a Dios, pasa algo semejante. Al principio puede que luches con el deseo de regresar a tu forma de pensar anterior pero, a medida que sigas alineando tu corazón, tus pensamientos y tus actos con su Palabra, el propio Dios quitará de ti el deseo por el mundo. En su lugar sentirás el deseo por Él y por sus planes.

Esta santificación debería aparecer de una forma tan natural en tu vida que, con el tiempo, tus compañeros de trabajo o quienes convivan contigo noten una diferencia en ti. No digo que deban notar que estás loco, sino que detectarán que ya no sigues el ritmo de la cultura predominante, y que sigues la cadencia que marca el tambor divino.

Evalúa el precio de la consagración

En Lucas 14:31-32, Jesús nos dice que calculemos el precio que tiene ser discípulo del reino. Habla de un rey que se sentó a calcular el coste de librar una batalla. Permíteme que introduzca una pequeña variante. Creo que hemos estado predicando y enseñando esto incorrectamente.

Esta parábola suele presentarse como si dijera que el discípulo calcula el precio que tendrá que pagar, para ver si realmente está dispuesto a ser discípulo. Pero quien calcula el coste es el rey, no los soldados. Creo que es Dios quien calcula el precio de hacernos sus discípulos, no nosotros quienes calculamos lo que cuesta seguirle.

En otras palabras, tenemos a un rey que decide si satisfacemos los requisitos para estar en su ejército. Es el rey quien evalúa nuestra consagración. ¿Somos el tipo de personas que puede llevar a la batalla y de quienes obtendrá provecho? ¿O estamos tan atrapados en nosotros mismos y en nuestros propios deseos que desconocemos su plan o lo evitamos cuando nos lo revela?

Pedro nos dice que debemos consagrarnos a Dios. Dice: "santificad a Dios el Señor en vuestros corazones" (1 P. 3:15). Como dije antes, esto es, antes que nada y lo más importante, la decisión de ajustar nuestros pensamientos y nuestra mente con la verdad de Dios. Esta no es solo una decisión de los domingos; es la forma en que ves tu vida. Es tu manera de vivir; debe ser tu costumbre.

En uno de mis capítulos favoritos de las Escrituras, Pablo nos ofrece una ilustración gráfica de lo que significa santificar a Dios en nuestros corazones:

> Así que, hermanos, os ruego por las misericordias de Dios, que presentéis vuestros cuerpos en sacrificio vivo, santo, agradable a Dios, que es vuestro culto racional. No os conforméis a este siglo, sino transformaos por medio de la renovación de vuestro entendimiento,

para que comprobéis cuál sea la buena voluntad de
Dios, agradable y perfecta (Ro. 12:1-2).

Para ver el poder manifiesto de Dios en este mundo debes hacer algo más que decidir convertirte al cristianismo confiando en
Jesucristo para tu salvación. Sí, la salvación te llevará al cielo por
medio de la justificación. Pero la santificación por medio de la consagración hará que el cielo se manifieste en esta vida. La diferencia
entre el tomador de una decisión y un seguidor santificado de Cristo
es simplemente la consagración.

En este pasaje, Pablo nos dice que Dios quiere que nos presente-
mos a Él. Quiere ponerte en el altar. Debes presentar tu vida, y eso
significa *todo* lo que eres a Él en su altar. Ten en cuenta que, en el
Antiguo Testamento, cuando un sacrificio se colocaba sobre un altar,
el sacerdote no se limitaba a poner sobre él la cabeza, la pata o alguna
otra porción del cordero. Lo ponía todo.

Hay demasiados creyentes que han puesto sobre el altar de Dios
una parte de su tiempo, sus talentos y sus tesoros, y han dado por
hecho que con eso basta. No es así. Dios quiere que le des todo lo
que eres.

De hecho, por todas las Escrituras leemos que, cada vez que Dios
quería hacer algo grande por su pueblo, primero siempre exigía un
sacrificio, una demostración de la consagración y del compromiso de
los israelitas.

La adoración no solo consiste en cantar himnos el domingo. La
verdadera adoración, según Romanos 12, consiste en entregarte a
Dios por completo. La verdadera adoración incluye la santificación.

Lamentablemente, hoy día tenemos demasiados cristianos que
dan a Dios solamente un poco de aquí o de allí, y creen que ya han
dado suficiente. Luego se preguntan por qué Dios no se manifiesta
milagrosamente en sus vidas. El motivo es que Dios nos ha pedido
a nosotros, sus seguidores, que subamos a su altar y le entreguemos
todo lo que somos.

Algunos creyentes suben al altar y luego vuelven a bajarse. Sin
embargo, *Jehová-mekoddishkem* nos ha pedido que vivamos nuestras
vidas como sacrificios vivos. Literalmente, un sacrificio es algo muerto. Por lo tanto, la interpretación más exacta de este término es que

debemos ser "algo muerto que vive". Debemos estar vivos para Dios y sus deseos y voluntad, y al mismo tiempo morir a nuestra naturaleza pecaminosa y a nuestra propia voluntad.

Cuando lo hacemos, estamos consagrados a Él y, por tanto, Dios nos santifica: es nuestro *Jehová-mekoddishkem*.

11

JEHOVÁ-RAFA

EL SEÑOR QUE SANA

El aumento del número de hospitales, clínicas, centros de consejería y del uso de fármacos psiquiátricos son un testimonio claro del sufrimiento, el dolor, la enfermedad y el quebrantamiento presente en nuestras vidas. En la iglesia donde soy pastor, cada semana incluimos en el boletín los nombres de las personas que han solicitado oración por sanidad física. Cada semana los leo y ruego por ellos, sorprendido una vez más por la cantidad de personas que tienen semejante necesidad.

Sin embargo, lo que no ponemos en el boletín cada semana es el nombre de las personas que necesitan sanidad en sus emociones, circunstancias o relaciones. Quizá no les han diagnosticado un problema físico, pero aun así se sienten enfermas. Si yo te dijera que estoy enfermo, en lo primero que pensarías sería que tengo una dolencia física. Pero si te dijera que estoy enfermo y cansado, sabrías que me referiría a un dolor emocional o relacional.

Ninguno de nosotros disfruta de una vida perfecta, libre del dolor. Todos necesitamos que nos curen por algo que se ha dañado en nuestros cuerpos, emociones o situaciones. Quizá debamos ser sanados del sufrimiento del pasado o de la angustia presente. Muchas personas deben ser sanadas de la incertidumbre sobre el futuro. Sea cual fuere el caso, la necesidad en las vidas de la mayoría de personas es real y profunda.

Conozco a personas que han acudido al médico porque tenían dolencias o síntomas misteriosos, pero los doctores no han podido dilucidar las causas. En consecuencia, a esos pacientes se les dieron los medicamentos para curarse y, a menudo, los síntomas no hicieron más que empeorar.

El nombre de Dios que examinaremos en este capítulo se centra concretamente en su poder para sanar. El nombre es *Jehová-rafa*, "el Señor que sana". La revelación de este nombre poderoso aparece justo después de un gran milagro. El trasfondo lo encontramos en el libro de Éxodo, donde leemos: "E hizo Moisés que partiese Israel del Mar Rojo" (Éx. 15:22).

Ahora bien, ya conocemos el Mar Rojo. Tanto si leímos sobre él en la Biblia como si vimos a Charlton Heston levantar el báculo de Moisés y vimos en nuestros televisores cómo se separaban las aguas, conocemos la liberación de Israel frente al ejército egipcio, que obró Dios.

Los israelitas se habían visto atrapados entre la espada y el oleaje. Faraón estaba a un lado y venía a esclavizarlos, y al otro lado había una masa de agua muy húmeda y ancha.

Los israelitas no podían retroceder, y sin duda tampoco avanzar. Estaban encajados justo donde estaban. Sin embargo, aparentemente surgido de la nada, Dios hizo un milagro. Dividió el mar, secó la tierra y permitió que los israelitas pasaran al otro lado. Entonces, cuando los egipcios vinieron tras ellos, Dios cerró los muros de agua y el ejército egipcio se ahogó.

Ninguna estrategia ni intervención humana podría haber sacado a los israelitas de la situación en que estaban. Hizo falta un milagro para sacarles de allí: un milagro que todos experimentaron, del que fueron testigos y del que se beneficiaron personalmente.

Como era de esperar, tras esta intervención milagrosa de Dios los israelitas prorrumpieron en alabanzas y celebraron un culto de adoración. Éxodo 15:1-3 nos permite echar un vistazo a los corazones y las emociones del pueblo.

> Entonces cantó Moisés y los hijos de Israel este cántico
> a Jehová, y dijeron:
>> Cantaré yo a Jehová, porque se ha magnificado grandemente;
>> Ha echado en el mar al caballo y al jinete.
>> Jehová es mi fortaleza y mi cántico,
>> Y ha sido mi salvación.

Este es mi Dios, y lo alabaré;
Dios de mi padre, y lo enalteceré.
Jehová es varón de guerra;
Jehová es su nombre.

Los israelitas estaban en un momento exultante en los niveles emocional y espiritual, confiando plenamente en Dios porque Él se les había mostrado directamente. Pero luego leemos que los israelitas "salieron al desierto de Shur" (v. 22). Justo después de haber atravesado un mar, llegaron a tierra seca, *muy* seca. El desierto no es precisamente un lugar emocionante donde estar, pero era la única manera de llegar adonde Dios les llevaba.

En otras palabras, la única manera de ir desde Egipto (del que habían sido liberados) a Canaán (donde serían liberados) era pasando por el desierto. Este es un principio clave para nuestro estudio en este capítulo. A menudo la única manera de ir desde donde estás adonde debes estar es pasando por el desierto. Ahora bien, nadie quiere atravesar un desierto, pero normalmente no hay otro camino para llegar a Canaán. Como los israelitas, a menudo tenemos que atravesar un lugar reseco.

Desgraciadamente para los israelitas, su desierto carecía literalmente de agua. Las Escrituras nos dicen que se pasaron tres días sin agua y, cuando al final la encontraron, era amarga. "Y anduvieron tres días por el desierto sin hallar agua. Y llegaron a Mara, y no pudieron beber las aguas de Mara, porque eran amargas; por eso le pusieron el nombre de Mara" (vv. 22-23).

El cuerpo humano puede sobrevivir solo un tiempo limitado sin agua. Tres días antes, el pueblo había necesitado con urgencia un milagro a la orilla de una gran masa de agua, cuando Faraón y su ejército venían tras ellos. Ahora necesitaban urgentemente un milagro frente a una pequeña masa de agua que era demasiado amarga como para beberla.

Al final habían encontrado agua, pero esta no podía satisfacer su necesidad. Se enfrentaban a la necesidad física de sanidad y refresco, y seguramente sus esperanzas se habían disparado al ver aquella agua a cierta distancia, para luego descubrir que no se podía beber debido a su amargura. De modo que los israelitas hicieron lo que normalmente hacemos todos cuando las cosas no salen como queremos: se quejaron (v. 24). Tres días después del festival de grandes alabanzas y adoración, pasaron del agradecimiento a la murmuración.

El milagro en el Mar Rojo y el problema de Mara se centraban en lo mismo: el agua. Los israelitas habían atravesado el agua y ahora se encontraban privados de ella. Habían visto que Dios podía hacer milagros con el agua, pero ahora ya no estaban tan seguros. Su dilema dio pie a una sesión de lamentaciones, porque su problema con el agua no tenía una solución visible.

No tardaron mucho en olvidarse de lo que Dios había hecho, de lo que puede hacer.

La situación de los israelitas en Mara nos enseña un principio importante que hemos de recordar cuando nos enfrentamos a un problema: Dios tiene un propósito para tu sufrimiento. Tenía un motivo para permitir a los israelitas pasar por aquella situación tan difícil. El versículo 25 nos dice que lo usó como prueba. "Allí les dio estatutos y ordenanzas, y allí los probó". En otras palabras, el agua no era un problema, sino una prueba.

Cuando iba a la escuela, mis profesores solo me examinaban sobre cosas que se suponía que debía saber. No recuerdo a ningún maestro que me examinara sobre materias que aún no se hubieran impartido. De hecho, ningún buen profesor examinaría a un alumno sobre un material que todavía no le hubiera enseñado. Un examen revela si el alumno prestaba atención cuando se le transmitió la información.

La información que Dios había dado a los israelitas tres días antes de Mara decía que Él era más grande que el agua. Era más poderoso que el mar, más fuerte. Dios podía intervenir en su problema con el agua de un modo que ellos no podían anticipar ni predecir. Y, tres días después de que Dios impartiera esa lección sobre el agua a los israelitas, los sometió a examen: les puso una prueba con agua.

Dios guiaba a Moisés, y este había llevado a los israelitas hasta la prueba. No les había alejado de la voluntad de Dios, y esto es algo que no conviene olvidar. Tú podrías caminar por una tierra seca aun haciendo la voluntad de Dios. Podrías cumplir su voluntad y no tener empleo. Podrías cumplirla y no disfrutar de una salud física perfecta, o tener dificultades de relación con otros; podrías hacer la voluntad de Dios y aun así caer en un episodio de sequía, como les pasó a los israelitas. A menudo Dios usa estas situaciones para examinar a su pueblo.

Esto se debe a que los exámenes (o las pruebas) están diseñados para hacer dos cosas: demuestran si hemos prestado atención a las lecciones que nos han enseñado y dan a Dios oportunidades para revelar algo nuevo sobre sí mismo, lo cual desarrolla nuestro carácter y fortalece nuestra fe.

Se cuenta la historia de un niño pequeño que encontró un capullo en un árbol de su patio trasero. Examinó cuidadosamente el capullo, buscando señales de vida. Por fin, varios días más tarde, el niño vio lo que había estado esperando. Dentro de aquella película traslúcida, una mariposa recién formada luchaba por salir al exterior.

Sintiendo compasión por la pequeña criatura, el niño usó su navajita para ensanchar el agujero. Agotada, la mariposa salió a trompicones y se quedó quieta. Pero el niño no se dio cuenta de que el esfuerzo por escapar del capullo iba destinado a fortalecer los músculos de la mariposa y prepararla para volar. Mediante un acto de compasión, el niño sin saberlo había inmovilizado y, en última instancia, condenado a la mariposa.

La noche antes de que Jesús fuera crucificado oró a su Padre, pidiéndole que no nos sacase del mundo, sino que nos mantuviera a salvo *dentro* de él. Jesús se daba cuenta de que el objetivo no era sortear las dificultades, sino pasar por ellas a salvo.

Esta idea nos preocupa a algunos. Parece ser que pensamos que el cristianismo está pensado para ser una vida de vientos favorables. No es cierto. Imagínate a un jugador de baloncesto que se acercara a la línea de fondo y le dijera al entrenador: "Pues mire, yo habría anotado, pero es que cada vez que salto para lanzar la pelota hay un jugador del otro equipo que me mete la mano en la cara". No hace falta ser un entrenador experto para dar con la respuesta. "El jugador del otro equipo *debe* meterte la mano en la cara. Así es como se juega a esto. Su misión es hacer todo lo posible para que no encestes". En el baloncesto y en la vida, los obstáculos son inevitables.

Dejar que la paciencia tenga su obra completa significa que no debemos dejar el bolígrafo sobre la mesa a mitad del examen. Aunque hayas contestado correctamente a todas las preguntas, marcharte a mitad de examen limita tu puntuación al 50 por ciento, que en la mayoría de escuelas se considera inaceptable.

Pasar las pruebas de principio a fin resulta mucho más fácil cuando entendemos que Dios tiene un propósito para nuestros problemas. Como pasaba con la mariposa en el capullo, alcanzar nuestro destino no es el objetivo completo. El proceso de llegar hasta él tiene la misma importancia.

Dios entiende que el proceso es tan importante como el resultado. El viaje por el desierto es tan importante como la llegada a la Tierra Prometida. Por eso a veces Él no nos libra de determinadas circunstancias, sino que nos permite enfrentarnos a ellas.

¿Sabes cuál es la manera de suspender el examen? *Empezar a quejarte.* Leímos antes que, cuando los israelitas llegaron a las aguas de Mara, murmuraron. Aquel domingo junto al Mar Rojo dijeron "amén" y "aleluya", pero el miércoles tocaron fondo y empezaron a quejarse.

Amigo, Dios envía pruebas para ver si prestabas atención cuando te reveló nueva información. No se limita a aceptar tu palabra.

Cada verano acudo a la consulta del médico para mi chequeo anual. Me siento en su despacho y él me pregunta: "Tony, ¿cómo te encuentras?".

Si he tenido un año bueno en general, le digo: "Me encuentro bien".

Pero ahí no acaba mi cita. El doctor no se fía solo de mi palabra. En lugar de eso, me coloca electrodos por el cuerpo y luego me sube a una cinta continua. Luego va acelerando la cinta cada vez más, porque quiere averiguar el verdadero estado de mi corazón.

Es posible que me parezca que mi corazón está bien y sin embargo no lo esté. El médico puede averiguar la fortaleza de mi corazón solamente si lo somete a estrés. Por lo tanto, genera una situación estresante. Prueba mi corazón para ver si cómo me siento es de verdad cómo estoy. Podría tener una buena sensación pero un corazón enfermo.

Vivir la vida cristiana es igual. Puedes ir a la iglesia cada semana, cantar himnos de alabanza, memorizar versículos bíblicos, servir en diversos comités y dar por hecho que tu corazón, tu fe y tu alma son fuertes. Incluso puedes decir: "Te amo, Señor. ¡Eres tan bueno! Te seguiré, Señor. Haré todo lo que digas".

Pero Dios no se conforma con tu palabra. Nos prueba a ti y a mí porque quiere lo mejor para nosotros. Nos prueba porque se prepara para hacer algo increíble en nuestras vidas. Nos prueba sometiéndonos a situaciones estresantes, como lo hizo con los israelitas. Nos prueba para descubrir si realmente nos fiamos de Él como nuestra fuente o buscamos en otra parte.

A menudo oigo a la gente que dice: "Dios no me cargará más de lo que pueda soportar".

Déjame que eche por tierra esta idea con una breve mirada a la vida de Pablo. En 2 Corintios 1:8, Pablo escribe: "Porque hermanos, no queremos que ignoréis acerca de nuestra tribulación... pues fuimos abrumados sobremanera más allá de nuestras fuerzas, de tal modo que *aun perdimos la esperanza de conservar la vida*".

Si alguna vez existió una prueba desesperanzadora, seguro que Pablo pasó por ella. No había hecho nada para merecerla. De hecho, había obedecido la guía de Dios que le llevó directo a un lugar de desespero. Si hoy te embargan sentimientos parecidos, estás bien acompañado.

A veces Dios permite que situaciones de nuestra vida aparentemente sin salida dirijan nuestra atención hacia Él y revelen la verdadera naturaleza de nuestra fe. Quizá sintamos el deseo de tirar la toalla porque nadie puede arreglar la situación en la que estamos. Se han agotado todos nuestros recursos humanos.

Sin embargo, en su siguiente afirmación, Pablo revela un principio clave: "Pero tuvimos en nosotros mismos sentencia de muerte, *para que no confiásemos en nosotros mismos, sino en Dios que resucita a los muertos*... y en quien esperamos" (vv. 9-10).

Para que la fe de Pablo fuera más profunda, Dios le puso en unas circunstancias que su currículum, sus capacidades y sus contactos no podían cambiar. ¿Por qué? Para que Pablo aprendiera a confiar en Dios.

¿Dios es perverso en estas situaciones? Quizá cuando las atravesemos pensemos que sí, pero en realidad lo que Dios pretende es que profundicemos. En estas circunstancias sin esperanza, cuando no vemos salida ni hacia arriba, ni por encima ni hacia fuera, de alguna manera Dios, a la postre, "resucita a los muertos" por nosotros, y se vuelve real en nuestras vidas hasta un punto que antes desconocíamos.

Parece que en el Mar Rojo los israelitas no aprendieron que Dios era mayor que el mar, de modo que Él decidió enseñárselo de nuevo en Mara. Leemos que después de que Moisés clamase a Dios a favor de aquella multitud murmuradora, "Jehová le mostró un árbol; y lo echó en las aguas, y las aguas se endulzaron" (Éx. 15:25).

Echar un árbol en aguas contaminadas es sin duda una manera poco ortodoxa de purificarlas, pero, bien mirado, levantar un cayado es una manera antinatural de dividir una masa de agua. Por medio de este segundo milagro, Dios reveló una vez más que era más poderoso que cualquier cosa a la que se enfrentaran los israelitas.

El Señor que sana

Tras hacer un segundo milagro en solo tres días, Dios revela a los israelitas el significado tras la prueba: les permite echar un vistazo más profundo a quién es Él. Una vez obtuvo su atención indivisa, les habló más de sí mismo. Ya hemos analizado el versículo del principio, pero lo incluiré de nuevo a modo de trasfondo:

> Allí les dio estatutos y ordenanzas, y allí los probó; y dijo: Si oyeres atentamente la voz de Jehová tu Dios, e hicieres lo recto delante de sus ojos, y dieres oído a sus mandamientos, y guardares todos sus estatutos, ninguna enfermedad de las que envié a los egipcios te enviaré a ti; porque yo soy Jehová [el *Señor*] tu sanador [*rafa*] (Éx. 15:25-26)

Dios usó el agua para enseñar a los israelitas una lección sobre su nombre, *Jehová-rafa*. Los israelitas no podían beber del agua porque era amarga, y el amargor era indicativo de algo mucho peor. De algún modo, el agua se había contaminado, estropeado o infestado de bacterias. No era potable.

Al vivir en Estados Unidos, a menudo nos olvidamos de lo importante que es el agua limpia para conservar nuestra salud. Sin embargo, según las estadísticas de las Naciones Unidas, cerca de 800 millones de personas siguen sin tener acceso a agua limpia todos los días. No hace mucho tiempo, las Naciones Unidas emitieron un comunicado en el que decían que anualmente mueren más personas debido al agua contaminada que a la guerra. Cuando una persona vive en una zona donde no hay un buen sistema depurador del agua, todo contacto con ella puede ponerle enferma e incluso matarle.

A primera vista, la mayoría de los residentes en Norteamérica no veremos la relación inmediata entre el nombre *Jehová-rafa* y la prueba de los israelitas en las aguas amargas de Mara, pero para quienes entienden el peligro del agua contaminada el vínculo está claro. Y, por medio de esta conexión, Dios asocia la manifestación de su nombre con la adecuación de toda la vida bajo Él y sus mandamientos.

¿Por qué Dios envió todas las enfermedades sobre los egipcios mientras los israelitas vivían en aquella tierra? Porque los egipcios no le buscaron como único Dios verdadero. Antes bien, adoraban a ídolos, lo cual daba como resultado corazones impuros. De igual modo, estos corazones impuros dieron como resultado las diez plagas que, sin duda, trajeron enfermedad y problemas emocionales a los afectados por ellas.

En Mara, Dios decía a los israelitas que podían experimentar el sufrimiento de los injustos cuando adoptaban el estilo de vida y la forma de pensar de aquellos. Les recordó quién era la fuente de toda sanación, provisión y vida, primero por medio de la división del mar y ahora a través de la purificación del agua.

Antes de seguir adelante, quiero enfatizar que el nombre *Jehová-rafa* no garantiza que no enfermaremos nunca. Si fuera así, los seguidores de Jesús con un corazón puro no morirían nunca. Este nombre no se refiere a esto.

La Biblia casi siempre vincula la enfermedad con el pecado que originó el problema. Vemos esta relación en diversos pasajes:

- "Bendice, alma mía, a Jehová, y no olvides ninguno de sus beneficios. Él es quien perdona todas tus iniquidades, el que sana todas tus dolencias" (Sal. 103:2-3).

- "¿Por qué querréis ser castigados aún? ¿Todavía os rebelaréis? Toda cabeza está enferma, y todo corazón doliente" (Is. 1:5-6).

- "¿Está alguno enfermo entre vosotros? Llame a los ancianos de la iglesia, y oren por él, ungiéndole con aceite en el nombre del Señor. Y la oración de fe salvará al enfermo, y el Señor lo levantará; y si hubiere cometido pecados, le serán perdonados" (Stg. 5:14-15).

A veces las personas enferman solamente porque son ancianas, debido a la contaminación atmosférica, o como consecuencia de lo que comen... pero, cuando se revela como *Jehová-rafa,* Dios no está hablando de estas dolencias. Habla de las enfermedades que Él mismo envió a los egipcios porque estos se rebelaron contra Él. Tú no tendrás que padecer estas enfermedades cuando tu corazón se someta a Él y a sus caminos.

Dios dice (según mi paráfrasis Tony Evans): "Esta es la lección que os quiero enseñar en Mara: si seguís mis instrucciones, sanaré vuestros cuerpos, emociones, relaciones y circunstancias. Pero si elegís caminar como lo hace el resto del mundo, no seréis inmunes a las enfermedades del mundo".

Amigo, los israelitas necesitaban protección de las aguas nocivas y amargas de Mara, y Dios les proveyó de un árbol que dulcificase las aguas. A lo mejor hoy te enfrentas a una amargura de otro tipo, pero Dios puede convertir lo amargo en dulce cuando sometas tu vida a su mandato.

Cuando tomes el árbol, a pesar de que te parezca extraño y poco convencional, y lo arrojes a las aguas amargas, llegará la salud. En otras palabras, vendrá cuando hagas lo que Dios te ha mandado que hagas; no porque tenga sentido para ti, sino porque no tiene por qué tenerlo. Después de todo, Él es Dios.

Cuando llevas tu coche a un autoservicio de lavado, entra sucio y sale limpio. Pero cuando entras en el túnel de lavado tienes que hacer algo, porque, si no lo haces, cuando el coche salga, no estará limpio. Debes poner el coche en punto muerto. Si no cedes la dirección del coche al servicio de lavado, no experimentarás la purificación derivada del agua que limpia.

Hay demasiados cristianos que van a la iglesia, leen la Biblia o dicen sus oraciones sin entregarse a Dios, sin permitir su gobierno en sus vidas. Y sin embargo se preguntan por qué no se sanan sus corazones, sus mentes y sus cuerpos. El motivo está claro: no experimentan el contacto pleno y sanador de Dios porque no se han sometido a su control.

Dios dice que si quieres mandar, tendrás que padecer las consecuencias: tendrás que luchar con las enfermedades y los desastres por
tu cuenta. La clave para ser sano es tener fe en que, si te sometes a la
autoridad divina, Él proveerá todo lo que necesitas en tu vida. Cuando
haces esto, Dios restaura tu salud y sana tus heridas (Jer. 30:13-17).

La clave para tus circunstancias difíciles, tus relaciones y tus
dolencias radica en los estatutos y en los mandamientos de Dios.
Cuando vivas a la luz de esos estatutos y mandamientos, hallarás la
pureza que necesitas para vivir abundantemente.

Yo me crié en Baltimore, Maryland, y cada verano, sin fallar un
solo día, cada sábado mi padre traía a casa una sandía. Recuerdo claramente verle entrar por la puerta, un día tras otro, cargado con una
sandía madura y jugosa; la cortaba y nos daba un pedazo a cada uno.

Ahora vivo en Texas, y no he visto a muchas personas de por aquí
que hagan lo que hacíamos nosotros en Maryland. Cuando mi padre
nos daba una rodaja de sandía, le echábamos sal. Para la mayoría de
nosotros, la sal y la sandía son dos cosas que no van juntas. Pero si has
probado una rodaja de sandía con sal, entenderás que esta hace que lo
que ya de por sí es jugoso lo sea más. Hace que lo que es dulce sea más
dulce. Lo que tiene sabor adquiere más sabor. Añadirle sal a la sandía
no tiene sentido necesariamente, pero hace que sea más sabrosa.

Las maneras que tiene Dios de abordar las situaciones amargas de
la vida no siempre tendrán sentido. Igual que Dios ordenó a Moisés
que echase unas ramas al agua, quizá te pida que hagas algo que no
parece tener mucho sentido. Pero cuando sometes tus pensamientos
y tus actos a sus ordenanzas y estatutos, descubrirás que puede convertir cualquier cosa en algo mucho mejor de lo que podrías haber
imaginado.

Precisamente por esto me encanta el final de la narrativa en la que
descubrimos el nombre *Jehová-rafa*: porque demuestra que, cuando
te sometes a Dios para vivir a la luz de su poder sanador, Él puede
darte más de lo necesario. Éxodo 15:27 dice: "Y llegaron a Elim,
donde había doce fuentes de aguas, y setenta palmeras; y acamparon
allí junto a las aguas".

Hemos pasado de nada de agua a aguas amargas, aguas purifica-
das y muchas fuentes de agua. Una fuente no es solo un estanque: es
una *corriente* constante de agua fresca y pura.

Después de que Dios enseñara a los israelitas y se les revelase mediante su nombre, *Jehová-rafa*, inmediatamente los llevó a Elim, donde había cosas buenas más que suficientes para todos. Pero fíjate que los israelitas no llegaron a Elim esquivando Mara. Llegaron a ese lugar pasando por la prueba en Mara. Descubrieron Elim después de haber descubierto a *Jehová-rafa*.

Quizá Dios te está diciendo algo ahora mismo. A lo mejor sientes que estás atascado en un lugar amargo de tu vida. Es posible que no veas salida o que no logres localizar la fuente de sanación para las enfermedades que te acosan física o emocionalmente. Pero a Dios le encantaría llevarte a Elim, donde puedas disfrutar de tu propia fuente privada; solo hace falta que aprendas la lección de Mara y alinees tus pensamientos, corazón y actos con la voluntad de Dios, con una fe, creencia y confianza absolutas.

El libro de Juan nos dice que este es tu destino con solo que busques a Cristo como Señor y Salvador sobre tu vida. "En el último y gran día de la fiesta, Jesús se puso en pie y alzó la voz, diciendo: Si alguno tiene sed, venga a mí y beba. El que cree en mí, como dicen las Escrituras, de su interior *correrán ríos de agua viva*" (Jn. 7:37-38).

¡*Tú mismo* serás una fuente! No solo experimentarás la salud en tu propia mente, cuerpo y relaciones, sino que serás una bendición que Dios use para traer salud a otros.

Cuando Naamán obedeció a Dios, recibió salud para su cuerpo (2 R. 5). Cuando Daniel obedeció a Dios, tuvo más salud que los otros jóvenes (Dn. 1). Amigo, vivir la vida conforme manda Dios es el secreto para la salud y la libertad de las ataduras que a menudo nos sujetan.

Incluso en medio de nuestras luchas, heridas, amargura y dolor, Dios tiene un modo de endulzar las aguas y sanar nuestros cuerpos, almas y espíritus. Puede usar el dolor y el sufrimiento para fortalecernos.

Él es *Jehová-rafa*.

12

JEHOVÁ-TSIDKENU

EL SEÑOR, NUESTRA JUSTICIA

Hace unos años mi padre estuvo enfermo durante varias semanas. Cuando le visité en Baltimore, le pregunté si había ido al médico, y me dijo que sí. Entonces le pregunté qué le había dicho. Me dio una explicación detallada del diagnóstico del doctor y de lo que le había mandado que hiciera.

"Y lo estás haciendo, ¿no?", pregunté.

"No", repuso.

"Entonces, ¿*qué* vas a hacer?", pregunté, asombrado.

"Cambiar de médico".

A mi padre no le gustó lo que le dijo su primer médico y cómo pretendía que abordase un problema de salud en su vida, de modo que mi padre se limitó a cambiar de médico. Mientras yo reflexionaba sobre este tema un tiempo después, se me ocurrió que esto se parece a la manera en que nosotros actuamos con Dios cuando no nos gusta lo que nos dice, o cuando receta una solución a nuestros problemas con la que no estamos de acuerdo. Cambiamos de dios. Nos acercamos a un dios que resulte más adecuado, adaptable y flexible para nuestro estilo de vida, nuestros valores y objetivos.

Los israelitas hacían justamente eso cuando Dios les reveló el siguiente nombre que vamos a examinar. Habían dejado de seguir al único Dios verdadero e iban en pos de dioses extranjeros, que eran más tolerantes con los deseos y el estilo de vida de los israelitas. Este nombre es *Jehová-tsidkenu*, "el Señor, nuestra justicia".

Antes de empezar nuestro estudio de este nombre concreto, quiero hablar brevemente del libro de Jeremías, donde se encuentran las dos únicas apariciones del nombre *Jehová-tsidkenu*. Es uno de los libros más deprimentes de la Biblia. Si estás bajo de ánimos, no te conviene leer el libro de Jeremías.

Uno de los motivos por los que Jeremías es tan deprimente es que relata una época en la que Judá (el reino del Sur) se apartó de Dios y se sumió en la decadencia. Israel (el reino del Norte) hacía mucho que se había alejado de Dios y sido deportado por el rey de Asiria. Ahora el remanente del pueblo de Dios estaba a punto de caer bajo el juicio del rey de Babilonia, porque también ellos habían optado por alejarse de Dios.

Gracias a este período en la historia de Israel podemos aprender un principio fundamental: cuanto más nos alejamos de Dios, más atraemos a nuestra vida la decadencia y los problemas. Esto se debe a que la propia esencia de Dios es la *vida*, de modo que cuando sitúas a Dios en la periferia de tu vida, cuando le apartas de la esencia de quién eres, el resultado es que te deterioras.

En esta situación concreta, Israel había acudido a otros dioses para satisfacer sus necesidades, provocando así la decadencia de su civilización y su cultura. El libro de Jeremías detalla una advertencia sobre el juicio inminente que estaban a punto de padecer los israelitas debido a su rebelión contra Dios.

Jeremías se dirige a los líderes de Israel. "¡Ay de los pastores que destruyen y dispersan las ovejas de mi rebaño!, dice Jehová" (23:1). Dios dice que los pastores, los que ostentan el liderazgo espiritual, creaban más confusión que claridad respecto a quién era Él. En lugar de usar su posición influyente sobre los israelitas para guiar y dirigir al pueblo de Dios hacia Él, los líderes apartaban al pueblo de Dios.

En nuestra cultura contemporánea vemos que pasa algo parecido, porque la Palabra de Dios, la norma divina, parece estar en tela de juicio en muchos sentidos. Vemos a predicadores que parecen sucumbir a la cultura en lugar de proclamar las Escrituras, que están por encima de aquella. Oímos debates entre ministros de culto que nos hacen rascarnos la cabeza, sobre todo acerca de temas que están claramente expuestos en la Palabra de Dios. La neblina en el púlpito se convierte en niebla cerrada en los bancos. Por eso Dios lanza su advertencia firme contra los líderes israelitas. Les hace responsables de los malos actos y elecciones del pueblo.

Toda esta destrucción de la cultura nos lleva a la introducción de este nombre único de Dios. Después de que Dios declara que los líderes espirituales de su época fracasaban miserablemente respecto a lo que Él quería que hicieran, Dios dice que levantará nuevos líderes que guiarán a su pueblo conforme a su plan:

> Y pondré sobre ellas pastores que las apacienten; y no temerán más, ni se amedrentarán, ni serán menoscabadas, dice Jehová.
>
> He aquí que vienen días, dice Jehová, en que levantaré a David renuevo justo, y reinará como Rey, el cual será dichoso, y hará juicio y justicia en la tierra. En sus días será salvo Judá, e Israel habitará confiado; y este será su nombre con el cual le llamarán: Jehová, justicia nuestra [*Jehová-tsidkenu*] (Jer. 23:4-6).

En estas circunstancias, Dios revela otro aspecto de su persona por medio de su nombre. Combina *Jehová*, que significa "el Dios que se revela a sí mismo", con *tsidkenu*, que representa la justicia. Al identificarse de esta manera, Dios proclamó su justicia en medio del caos cultural de aquel momento.

Dios dice que las personas ya no tendrán miedo, ni terror, ni se perderán. Dice que serán salvas y habitarán a salvo. Cuando el liderazgo entienda y conozca a *Jehová-tsidkenu*, el pueblo le comprenderá y conocerá también, y el resultado será la paz.

Lamentablemente, hoy día vivimos en una época de "clarificación de valores". Nos gusta pensar que esto es algo nuevo de nuestra mente moderna y progresista. Pero la clarificación de valores se remonta al principio de los tiempos. De hecho, en Jueces 21:25 vemos que todo el mundo clarificaba sus propios valores, "y hacía lo que mejor le parecía".

La clarificación de valores distorsiona un conjunto establecido de valores objetivos. En el entorno académico o educativo, incluye identificar quién o qué decide lo que está bien o mal. Algunas personas sugieren que es la mayoría quien debe decidirlo. Otras sugieren que cada individuo debe establecerlo. La lista es muy larga.

Sin embargo, el Señor quería que sus pastores supieran que *Él* era el modelo frente al que medir todo lo demás. *Él* es la línea que separa el bien del mal. Su nombre es el baremo con el que distinguimos lo bueno de lo malo.

La justicia se puede definir como el estándar que se exige al mundo para ser aceptable ante Dios. Es el valor de la justicia ordenado por Dios. La justicia procede de Dios, de modo que solo Él puede definir la verdadera justicia. La injusticia se puede entender como aquello que contradice la justicia divina.

Las Escrituras reservan una bendición especial para las personas que se toman en serio el nombre *Jehová-tsidkenu*. La leemos en las Bienaventuranzas, cuando Jesús dijo: "Bienaventurados los que tienen hambre y sed de justicia, porque ellos serán saciados" (Mt. 5:6).

Durante un examen médico es probable que el facultativo te pregunte: "¿Tiene usted apetito?". Sabe que si nunca tienes hambre, es que algo anda mal. Puede que estés enfermo. De igual manera, cuando pierdes el apetito de justicia, esto es indicativo de que tiene lugar una enfermedad espiritual. Esto se debe a que cuando eres salvo y el Espíritu Santo viene a morar en tu espíritu, recibes hambre de justicia.

Cuando tu hambre de Dios merma y tu apetito por las cosas del mundo aumenta, puedes estar seguro de que la distancia entre Dios y tú está creciendo. Esto me recuerda una conversación que tuve con mi hijo Anthony no hace mucho. Me dijo que a veces le cuesta mantener el peso adecuado porque le gusta comer entre horas. Me dijo: «El problema es que cuando como algo rápido, no me da la sensación de que sea "verdadera" comida. Así que me lleno pero sin tomar nutrientes».

Puedes ir a la pastelería e hincharte. Pero un pastel es "inadecuado" desde el punto de vista nutricional. Puede ser "adecuado" por lo que respecta a la dulzura y el placer que proporciona, pero si piensas en lo que necesita tu cuerpo para funcionar, es nocivo. Cuando te hinchas de comer pasteles, puedes matar tu deseo de "comida de verdad", que es la que te proporciona vitaminas, minerales, carbohidratos complejos y demás. Perderás el apetito de lo que está bien y, como resultado de ello, no comerás tanta comida sana, o te olvidarás de ella por completo.

Este principio se mantiene también en el ámbito espiritual.

Cuando te llenas leyendo novelas, viendo la televisión, hablando con personas y poniendo la perspectiva del mundo antes que la de Dios, pierdes el apetito y el hambre de Dios. Dejas de "tener hambre y sed de justicia", eliminando así la ayuda, la paz y la provisión que proceden de *Jehová-tsidkenu*. Para conocer y experimentar a fondo todo lo que dijo Dios en Jeremías 23:4, debes conocer al "Dios justicia nuestra".

Jeremías reveló el problema con los pastores: no enseñaban el punto de vista de Dios y, en consecuencia, el pueblo estaba esparcido y la cultura en decadencia. Los pastores se amoldaban a la cultura.

Esto se parece a lo que hacemos cuando apartamos al Señor Jesús y su estándar de nuestro gobierno, escuelas, negocios, hogares, medios de comunicación y otras esferas. El paradigma del reino de Dios ha quedado sustituido por uno hecho por los hombres, y padecemos los disturbios sociales resultantes de que *Jehová-tsidkenu* ya no sea nuestro punto de referencia.

Se cuenta la historia de que en la Alemania nazi, cuando mandaban a los judíos a los campos de exterminio, a menudo atravesaban en tren las zonas rurales. Esos trenes pasaban a menudo junto a iglesias llenas de alemanes cristianos que seguían alabando a Dios aun cuando escuchaban el paso de los trenes llenos de judíos condenados a muerte.

Tiempo más tarde, preguntaron a un cristiano alemán cómo podía adorar y estudiar la Palabra de Dios mientras escuchaba pasar aquellos trenes. Contestó, sencillamente: "Cuando oíamos los trenes, cantábamos más alto". Esas personas optaron por ignorar la maldad de su cultura. Eligieron permanecer en el edificio de la iglesia, pero fuera de la justicia de Dios.

El ministerio del púlpito no se mide en función de la elocuencia del pastor ni de sus conocimientos. Más bien, el cuerpo de Cristo se evalúa según su cumplimiento del estándar divino. Dios es justicia. Su punto de vista es el correcto. Cualquier desviación de este conduce al caos y al trastorno de la vida.

Actos, no sentimientos

Vivir una vida de justicia no siempre nos hace sentirnos bien en ese momento. De hecho, cuando tienes hambre de justicia, es posible

que te vuelvas más consciente de tu pecaminosidad, y eso no te hará
sentir bien precisamente. Pero la única manera de vivir en justicia es
permitiendo a Dios revelarte tu pecado, de modo que por su gracia y
su misericordia pueda darte lo necesario para superarlo. Por ejemplo,
si a alguien le duele el estómago y eso le induce a ir al médico, este
hace una resonancia magnética y descubre un tumor que se puede
extirpar. El sufrimiento inicial originado por la intervención quirúr-
gica conducirá al final a la curación.

Al principio, hacer justicia puede que no te haga sentir bien. De
hecho, quizá te duela. Pero los resultados de la justicia en tu vida serán positivos. Como el propio nombre de Dios es *Jehová-tsidkenu*, "el
Señor es nuestra justicia", no puede tolerar el pecado o la injusticia.
Sabemos que dentro del quirófano los médicos y las bacterias son
incompatibles. Si se relacionasen durante una operación, sin duda no
se produciría la curación.

La justicia pone de manifiesto áreas en las que el pecado ha infec-
tado tu vida, de manera que puedas resolver el problema y recuperar
la relación adecuada con Dios. Y Dios nos dice cómo aporta justicia
a las vidas de los suyos. "He aquí que vienen días, dice Jehová, en
que levantaré a David renuevo justo, y reinará como Rey, el cual será
dichoso, y hará juicio y justicia en la tierra" (Jer. 23:5).

Este versículo es una de las profecías del Antiguo Testamento sobre Jesucristo. Jesús procedía del linaje davídico: fue descendiente de
David. En el último capítulo examinaremos más a fondo el cumplimiento de los nombres de Dios por medio de Jesucristo, pero dado
que este pasaje concreto es una profecía sobre el Cristo venidero, es
buena idea analizarlo ahora más profundamente.

No hace falta decir que Jesús es la persona más única que haya
existido jamás. En su concepción no participó ningún humano, y el
óvulo de María fue fertilizado por el Espíritu Santo. Las Escrituras
nos dicen que, por medio de este nacimiento virginal, la deidad se
infundió en la humanidad.

Uno de los rasgos únicos de Cristo es que es plenamente Dios y
plenamente humano. Esta combinación de una naturaleza humana
con la divina en una persona se llama "unión hipostática". Nacido
sin pecado y tras vivir 33 años sin pecar, Cristo fue clavado en la cruz
para pagar la pena por los pecados de la humanidad. Tras su muer-

te, sepultura y resurrección, el Renuevo justo cumplió su propósito como *Jehová-tsidkenu*. El apóstol Pablo escribió: "Al que no conoció pecado, por nosotros lo hizo pecado, para que nosotros fuésemos hechos justicia de Dios en él" (2 Co. 5:21).

Dicho de otra manera, el pecado de la humanidad (el tuyo y el mío) fue imputado a Jesucristo. Debido a esta imputación, la ira de Dios, vinculada al pecado, se derramó sobre Él en la cruz. Los azotes, los clavos y la brutalidad fueron espantosos, pero lo que es peor, Jesús sobrellevó la ira de Dios en la cruz a causa de nuestro pecado.

El sufrimiento más profundo de Jesús en la cruz se manifestó cuando dijo: "Dios mío, Dios mío, ¿por qué me has desamparado?" (Mt. 27:46). Cuando Dios te desampara, es el infierno. La definición del infierno es la ausencia de la bondad de Dios. Cuando Dios desamparó a Jesucristo, este experimentó el infierno.

Pero pagó este precio extremo para que pudiéramos ser hechos "justicia de Dios en él", como hemos leído. De la misma manera que nuestro pecado fue puesto en la cuenta de Jesús cuando lo colgaron en la cruz para morir, su justicia se atribuye a cada uno de los que confiamos en Él como nuestro Señor y Salvador.

Si eres creyente en Jesucristo, irás al cielo sin pagar. Esto se debe a que Dios no puede rebajar su estándar de perfección para permitirte la entrada en el cielo siendo pecador. Solo puedes acceder a él por medio del perdón de tu pecado, que se desprende del sacrificio de Cristo.

Gracias a la justicia de Cristo eres considerado justo cuando crees en su nombre. Si conoces a *Jehová-tsidkenu*, Él se vuelve tu *tsidkenu*. Ni tú ni yo somos justos por propio derecho. Pero, por medio de Jesucristo, recibimos un intercambio del crédito: nuestro pecado sobre Él y su justicia sobre nosotros. Solo su justicia perfecta nos lleva al cielo; nada menos que ella.

Ahora bien, esto es para la eternidad, pero ¿cómo se aplica en la historia este principio del nombre de Dios? El estándar de Dios es la justicia, y no es negociable. Vivimos aquí y ahora, donde ninguno de nosotros es justo, de modo que, ¿cómo nos afecta hoy la muerte de Jesús en la cruz?

Voy a usar la ilustración de una cuenta bancaria. Si hoy te telefonease un empleado de un banco y te dijera que has recibido 10.000

dólares en tu cuenta, lo celebrarías. Bailarías de alegría y gritarías "¡Aleluya!", porque podrías empezar a sacar dinero del crédito en tu cuenta.

Lo mismo pasa con el *tsidkenu* que Dios nos ha dado a cada uno por medio de Jesucristo. Este nombre de Dios no solo te ofrece un crédito perfecto por lo que respecta a tu estatus ante Él en el cielo, sino que te permite retirar fondos "justos" aquí en la tierra.

¿Cómo pasa esto? Gracias a la presencia en tu ser de un espíritu totalmente nuevo cuando confías en el Renuevo justo, que es Jesucristo. Las Escrituras nos dicen: "De modo que si alguno está en Cristo, nueva criatura es; las cosas viejas pasaron; he aquí todas son hechas nuevas" (2 Co. 5:17).

La Biblia dice que esta nueva vida en nosotros es una semilla imperecedera (1 P. 1:23). Esta semilla contiene todo lo que necesitas para llevar una vida justa. Pero si nunca deja de ser una semilla, seguirás viviendo conforme a tus antiguos patrones mundanales.

Si estás en Cristo, eres un ser totalmente nuevo. No eres la misma persona que eras antes, aunque hagas algunas de las mismas cosas que en el pasado. ¿Por qué? Porque tu identidad está en Él: ahora, Él es tu justicia (1 Co. 1:30). Sin embargo, si haces las mismas cosas que hacías antes, no has permitido que la semilla germine, crezca y llene tu alma.

Muchos cristianos tienen esta semilla y se siguen preguntando por qué su vida cristiana no parece funcionar. Prueban lo que yo llamo "gestión del alma", pero acaban frustrados porque los resultados solo son transitorios. El motivo de que la semilla no produzca una transformación es que no se le ha permitido crecer. El crecimiento de la semilla en tu vida afecta el control de tu alma. Si la semilla no crece, la vida del ego seguirá dirigiéndote, porque la vida del Espíritu que hay en ti sigue siendo una mera semilla.

Una semilla no manifestará su vida hasta que la plantes. *Tiene* vida, pero no la *manifestará.* El feto de dos semanas que hay en el vientre de una madre ya contiene todo el ADN necesario para alcanzar su máximo potencial de vida. Pero ese feto de dos semanas no expresa esa vida de la misma manera que lo hace un bebé formado del todo justo después del parto. El recién nacido es el resultado de la semilla que ha crecido.

Hay diversas maneras para alimentar y nutrir la semilla de la justicia plantada en tu espíritu. Una manera es por medio de la Palabra de Dios. Otra es "vestirse" de Cristo. El apóstol Pablo escribió: "vestíos del nuevo hombre, creado según Dios en la justicia y santidad de la verdad" (Ef. 4:24); y "vestíos del Señor Jesucristo, y no proveáis para los deseos de la carne" (Ro. 13:14).

En otras palabras, cada mañana, cuando te levantes y te vistas, debes ponerte a Jesucristo. Cuando vayas avanzando por tu día, debes vestirte de Jesucristo. Debes ponerte su justicia al intentar vivir según sus estándares. Debes mirar la vida a través de sus ojos.

A medida que hagas esto día tras día, momento a momento, tu mente empezará a transformarse, y la semilla de justicia en tu interior germinará. A medida que crezca dominará tu alma, de modo que ya no tengas que obligarte a tomar las decisiones correctas: las harás automáticamente.

Si te tomas en serio el deseo de experimentar a Dios y la plenitud y la manifestación del poder de sus nombres en tu vida, tendrás que avanzar hacia la justicia en tu vida cotidiana. Como escribió Isaías, deberás revestirte de la justicia divina. "Me vistió con vestiduras de salvación, me rodeó de manto de justicia" (Is. 61:10). Debes crecer en Cristo por medio de su justicia viva en ti. "Mas por él estáis vosotros en Cristo Jesús, el cual nos ha sido hecho por Dios sabiduría, justificación, santificación y redención" (1 Co. 1:30).

Él ya se ha introducido en nosotros, y nosotros también estamos en Él, dispuestos a extender su justicia. Pero ¿cómo funciona esto? Empieza formulando esta pregunta respecto a todo lo que hay en tu vida: *¿Cuál es el punto de vista de Dios sobre este asunto?* Ten en cuenta que no debes formular esta pregunta después de haber probado las soluciones de todos los demás. Formula la pregunta antes de haber consultado con vecinos, amigos, compañeros de trabajo o cualquier otro. Primero recurre al punto de vista de Dios y actúa en consecuencia.

No puedes relacionarte con las personas equivocadas y esperar que tu vida sea justa. No me malentiendas: no hablo de ser un misántropo o un ermitaño. Se supone que debemos estar en el mundo y relacionarnos con los perdidos. Sin embargo, se supone que el sistema de valores del mundo no debe estar en nosotros. Por lo tanto, cuando digo que no puedes relacionarte con las personas equivocadas, quiero decir que tu forma de pensar, tus perspectivas y tu orientación no deben provenir de las personas que no buscan la justicia, porque estas te llevarán por mal camino. Si deseas crecer en justicia, debes relacionarte con las personas que también la busquen.

Si eres padre o madre, no querrías que tu hijo o hija se relacionase con un drogadicto, porque su adicción podría influir en la forma de pensar de tu hijo. De igual manera, Dios no quiere que sus hijos se contagien del mundo.

Si eres mujer, deberías relacionarte con otras mujeres virtuosas. No te rodees de mujeres rebeldes y carentes de estándares. Si lo haces por norma, se te pegarán sus pensamientos y formas de actuar. Más bien rodéate de mujeres que deseen llevar una vida llena de la justicia de Dios.

La introducción que hace Dios del nombre *Jehová-tsidkenu* tiene una conclusión maravillosa. "[Y dirán] Vive Jehová que hizo subir y trajo la descendencia de la casa de Israel de tierra del norte, y de todas las tierras adonde yo los había echado; y habitarán en su tierra" (Jer. 23:8).

Dios hizo que los israelitas volviesen de donde los había guiado. Israel dejó de ser una nación en el año 70 d. C. Sin embargo, en mayo de 1948, Dios devolvió a Israel a su tierra y los reconstituyó como nación. En la historia no ha habido ningún otro país que haya dejado de serlo, haya sido esparcido por todo el mundo y luego, cientos de años más tarde, haya sido restituido a su tierra para volver a ser una nación, sin haber perdido entre un momento y otro su lenguaje o su cultura. Dios preservó a Israel tal como dijo que haría.

Ahora bien, si Dios pudo reconstituir a Israel (todo un país, disperso y esparcido), sin duda puede restaurar también tus circunstancias o tu vida. Puede tomar una pieza de aquí y otra de allí, y reconstruir la belleza y la fortaleza que tienes. Pero el fundamento debe ser su estándar de justicia.

Si buscas la justicia, descubrirás que tu espíritu se nutre. Tu alma crecerá, tu cuerpo cambiará y tu vida será restaurada a lo que Dios pretendió que fuese al principio.

13

EL-ELIÓN

EL DIOS ALTÍSIMO

El 5 de agosto de 2010, 33 mineros chilenos quedaron atrapados a una profundidad de 700 metros en una mina de cobre y oro, justo a las afueras de una pequeña localidad llamada Copiapó. Un derrumbe confinó a aquellos hombres en un espacio oscuro carente de salida. Quedaron prisioneros en una fortaleza de roca aparentemente impenetrable.

Durante más de dos semanas, los rescatadores no tuvieron noticia alguna de los mineros atrapados. Estar metido en un pozo ya es malo de por sí, pero la situación empeora cuando no puedes salir de allí ni ver a nadie que te ayude. Los hombres no podían ayudarse mutuamente a salir de allí. Estaban apiñados, sentados, durmiendo, hambrientos, con frío... y a veces sin esperanza. Estaban indefensos y desesperados. Si era posible salvarlos, la ayuda tendría que venir de arriba.

Por fin, después de 17 días, los rescatadores encontraron una nota sujeta a una de las brocas de perforación: los mineros estaban vivos. Los rescatadores perforaron un agujero más grande, insertaron un tubo estrecho y proporcionaron a los mineros alimentos, agua, luz, medicamentos y un equipo de comunicaciones. El agujero no los sacó del pozo, pero les dio esperanza.

A lo mejor hoy te encuentras en una circunstancia parecida. La vida te ha atrapado en un derrumbamiento espiritual, económico, relacional o emocional. No ves salida. Como los mineros atrapados, ni siquiera estás seguro de que allá arriba haya alguien que sepa dónde estás.

Por supuesto, conocer los nombres de Dios no cambia automática o inmediatamente todas las realidades negativas de la vida. Los cristianos siguen enfrentándose a los mismos problemas que todo el mundo (Jn. 16:33). Pero conocer a Dios íntimamente por medio de sus nombres proporciona una esperanza sustentadora en medio de la oscuridad más profunda. La esperanza se debe al conocimiento de que Dios es fiel a su nombre y es consciente de nuestros problemas, obrando para nuestro bien. Por muy oscura que sea la situación, no tenemos que tirar la toalla, porque Dios es fiel a su nombre. Nos sustentará hasta que cambie nuestras circunstancias o nos libere para la eternidad.

Al final, los mineros fueron liberados cuando una cápsula de medio metro, llamada Phoenix, los sacó uno a uno de su cárcel. Se salvaron los 33. Después de haber sido puestos en libertad, uno de los mineros atrapados declaró que se habían reunido como grupo en el pozo pidiendo a Dios que los rescatase. Apelaron a su nombre y al carácter vinculado con este.

Sin esperanza

No hace falta estar atrapado a 700 metros de profundidad para encontrarse en una situación sin esperanza. Los habitantes de las ciudades de Sodoma y Gomorra se vieron sin alimentos y suministros, como aquellos mineros chilenos en el pozo.

Un rey malvado llamado Quedorlaomer, rey de Elam, y otros tres monarcas con ansias de conquista se enfrentaron a otros cinco reyes que pretendían defender su medio de vida, a sus compatriotas y sus hogares. Dos de los cinco reyes representaban a las ciudades de Sodoma y Gomorra.

Libraron la batalla en el valle de Sidim, que estaba repleto de pozos de asfalto. A medida que se prolongaba la batalla, los cinco reyes defensores empezaron a retroceder. Los dos de Sodoma y Gomorra cayeron en pozos de asfalto. Sus pueblos fueron hechos prisioneros, y sus bienes confiscados. El sobrino de Abram, Lot, fue uno de los cautivos.

Las Escrituras no pierden un segundo para subrayar la valerosa misión de rescate de Abram:

> Oyó Abram que su pariente estaba prisionero, y armó a
> sus criados, los nacidos en su casa, trescientos dieciocho,

y los siguió hasta Dan. Y cayó sobre ellos de noche, él y
sus siervos, y les atacó, y les fue siguiendo hasta Hoba
al norte de Damasco. Y recobró todos los bienes, y también a Lot su pariente y sus bienes, y a las mujeres y
demás gente (Gn. 14:14-16).

Abram dejó claro que nadie podía perjudicar a los suyos.
Reuniendo a los mejores hombres que encontró, aceptó la responsabilidad de librar la batalla y recuperar rápidamente lo que el enemigo
saqueó durante la contienda. Con 318 hombres adiestrados, persi-
guió al enemigo 385 km... sin vehículos.

Abram hizo todo lo que fue necesario para recuperar lo que había
sido robado injustamente. A pesar de que las probabilidades estaban
en su contra (como lo estaban para los mineros chilenos atrapados
bajo tierra), Abram mantuvo la esperanza de recuperarlo todo.

La paz

La historia de esta batalla, derrota y rescate constituye el telón
de fondo para el nombre de Dios que nos presenta este capítulo de
Génesis. Después de que el rey de Sodoma fuera liberado del con-
sorcio de ejércitos atacantes, vino a Abram en un lugar llamado el
Valle del Rey. Llevó consigo a otro rey llamado Melquisedec (v. 18).
Melquisedec era el rey de Salem. Transliterado, el nombre Salem está
relacionado con el término hebreo *shalem*, que significa "paz". Un
derivativo de *shalem* es *shaloum*, que significa "completo, cabal, satisfecho" y también "paz". De hecho, la mayoría de comentaristas
judíos sostiene que Salem es Jerusalén, "la ciudad de la paz".

Este rey de paz presentó pan y vino a Abram. Vino como sacerdote de *El-elión*, el Dios Altísimo (v. 18), y bendijo a Abram:

Bendito sea Abram del Dios Altísimo [*El-elión*],
creador de los cielos y de la tierra;
y bendito sea el Dios Altísimo [*El-elión*],
que entregó tus enemigos en tu mano (Gn. 14:19-20).

Frente a estas palabras, Abram respondió y reconoció a *El-elión* diciendo: "He alzado mi mano a Jehová Dios Altísimo [*El-elión*], creador de los cielos y de la tierra..." (v. 22).

Cuando nos fijamos en el significado del nombre *El-elión*, hemos de recordar que *El* es la forma abreviada de *Elohim*. *Elohim* es el nombre que se atribuye a Dios en la creación, como referencia a su poder. "En el principio creó Dios [*Elohim*] los cielos y la tierra". Cuando *El* se combina con *elión*, el resultado se refiere a Dios como el más alto o más grande. Se traduce literalmente como el Dios más alto y exaltado (ver también Sal. 57:2).

Entonces, ¿qué origina exactamente la introducción de este nombre de Dios como alguien que es mayor que cualquier otro? Una batalla entre nueve reyes humanos, cuatro contra cinco. Es muy probable que los reyes se consideraran muy importantes. Y, según el concepto que tiene el mundo de la fama, el poder y la fuerza, en realidad lo eran. Pero cuando Dios intervino en la batalla (cuando *El-elión* subió al escenario), 318 hombres que habían recorrido 385 kilómetros a pie pudieron recuperar lo que habían robado los opresores. Esto es así porque cuando Dios participa en la batalla, realmente es el más alto, no solo en el cielo sino también en la tierra.

¿Por qué es tan importante esta verdad para nosotros hoy? ¿Cuál es la importancia del carácter de este nombre? Bueno, es muy probable que haya personas en tu vida que gocen de una alta posición. A lo mejor tienen una posición social muy elevada según el mundo. Quizá tengan un rango superior al tuyo; puede que tengan más dinero o bienes materiales. Puede ser que gocen de más fama, poder o influencia que tú. Sin embargo, lo que quiero que recuerdes es que da lo mismo lo elevada que sea su posición: *El-elión* es aún más alto. *El-elión* es el Creador de cielos y tierra. La gente que parece ser más importante que tú son usuarios de los cielos y de la tierra; no son ellos los que mandan. No tienen la última palabra. Nadie está por encima de *El-elión*. Él pone a todo el mundo en el lugar que le corresponde.

Cuando las personas o los poderes intenten intimidarte, puedes recurrir a invocar el nombre de *El-elión*. Debes saber que siempre hay alguien más alto, fuerte e influyente que ellos. Ninguna circunstancia le intimida, ni los pozos de asfalto de Génesis 14 ni las minas de Copiapó.

Conocer el nombre *El-elión* y lo que significa te ayuda a comprender que nunca debes situar a las personas, lugares o circunstancias por encima de lo que merecen. Tu tribunal de apelación último será solamente Dios. Él es quien tiene la última palabra. Puede que el ser humano tenga cierto poder (tu jefe, el médico, tus hijos, tu cónyuge, tu banco), pero *El-elión* es el dirigente supremo.

El-elión significa que Dios tiene el derecho de enseñorearse de todo. En el caso de Abram y Lot, Dios usó a 318 hombres para vencer a una coalición de reyes y sus ejércitos. Los números no estaban a favor de Abram. Las circunstancias, tampoco. Sin embargo, 318 hombres más *El-elión* son más que suficientes para derrotar a los mayores ejércitos de la humanidad, porque *El-elión* es el Dios Altísimo por encima de los cielos y la tierra.

Amigo, nunca te fijes primero en tus posibilidades de éxito. Las probabilidades nunca son de fiar por completo. Nunca te centres en las dimensiones de tu problema; más bien, concéntrate en el tamaño de tu Dios.

David solo contaba con cinco guijarros lisos, y solo necesitó uno para derrotar al gigante que se le enfrentó. Abram contó con 318 hombres para enfrentarse a cuatro reyes y sus ejércitos, cargados de adrenalina y proclamando su victoria. Pero también contaba con *El-elión*, que es más que suficiente para ganar cualquier batalla.

Debes respetar a tu jefe, tu cónyuge, tus circunstancias, tu banco, tu médico y demás. Pero nunca debes considerarles iguales a *El-elión*, porque no poseen los cielos y la tierra.

Cuando pones a alguien o alguna circunstancia por encima de Dios, creas un ídolo. Un ídolo no es solamente un objeto de talla que se adora con velas encendidas e incienso. No, un ídolo es todo aquello que pones por encima del único Dios verdadero.

Compartiendo la gloria de Dios

La comprensión intrínseca que tenía Abram del carácter, la santidad y el poder de Dios se ilustra al final de la historia. Tras la bendición de Melquisedec y la respuesta de Abram (le dio una décima parte de todo, el diezmo), tuvo lugar una conversación reveladora entre el rey de Sodoma y Abram:

> Entonces el rey de Sodoma dijo a Abram: Dame las personas, y toma para ti los bienes. Y respondió Abram al rey de Sodoma: He alzado mi mano a Jehová Dios Altísimo, creador de los cielos y de la tierra, que desde un hilo hasta una correa de calzado, nada tomaré de todo lo que es tuyo, para que no digas: Yo enriquecí a Abram; excepto solamente lo que comieron los jóvenes, y la parte de los varones que fueron conmigo, Aner, Escol y Mamre, los cuales tomarán su parte (Gn. 14:21-24).

El rey de Sodoma gobernaba una de las naciones a las que Abram había libertado. Por supuesto, el rey estaba complacido con el proceder de Abram. Lo más probable es que le impresionaran su tenacidad y su fuerza. Sabiendo que Abram era una potencia a la que tener en cuenta, intentó llegar a un acuerdo. Pidió a Abram que le devolviera a las personas que había rescatado y, a cambio, podría quedarse con todo el botín. Él y sus hombres se aprovecharían del rescate.

Abram acababa de rescatar al rey y a su pueblo, y no pensaba que fuera el momento de negociar. Sabía que el rey quería llevarse el mérito. Sabía que el rey quería que los prisioneros entrasen en largas filas en su ciudad, de modo que los reclamara como siervos y esclavos. Abram sabía que aquel rey quería parte de la gloria que solo correspondía a Dios. Las Escrituras nos dicen en Isaías 42:8: "Yo Jehová; este es mi nombre; y a otro no daré mi gloria".

Sin embargo, eso es exactamente lo que a menudo Satanás intenta que hagamos. Pretende hacer un trato contigo, como el rey de Sodoma quiso hacerlo con Abram. Para ello te tienta con recibir una parte de la gloria de Dios. Las victorias de Dios se convierten en una empresa conjunta, una sociedad en la que se puede compartir el mérito.

Abram se opuso con tanta intensidad al deseo del rey de Sodoma de compartir la gloria divina, que le dijo que no se quedaría "ni un hilo ni una correa de calzado", para que el rey no pudiera afirmar que había contribuido al éxito de Abram. *El-elión* había ganado la batalla, y Él recibiría la alabanza que le correspondía.

Sacerdote y rey

A diferencia del rey de Sodoma, el rey de Salem comprendía quién había ganado la batalla para Abram. Como vimos antes en su bendición a Abram, dejó la idea muy clara. Leemos: "y bendito sea el Dios Altísimo [*El-elión*], que entregó tus enemigos en tu mano" (Gn. 14:20).

Melquisedec era más que un rey. También era sacerdote. La misión de un sacerdote consiste en intermediar entre Dios y el pueblo, ser el punto de comunicación que va de Dios al pueblo y de este a Dios. El sacerdote es el intermediario, el mediador.

Como rey y sacerdote, Melquisedec dejó claro que los 318 hombres adiestrados que habían recorrido más de 385 kilómetros no fueron quienes convirtieron la derrota en victoria. No fueron en absoluto la fuente de la liberación. Sin embargo, fueron el *instrumento* de la misma. La diferencia entre ambas cosas es abismal, pero, aún y así, son pocos los cristianos que realmente entienden esta verdad y la viven de forma cotidiana.

Este principio espiritual de la Fuente frente al recurso llegó a mi vida a mis casi cuarenta años, cuando estudiaba la Palabra de Dios. Cuando lo hice, fue como si se encendiera una bombilla en el ojo de mi mente. Supuso una diferencia revolucionaria en mis decisiones, mi grado de ansiedad y mi planificación. Amigo, si realmente asimilas esta verdad, cambiará todo para ti: *Dios es tu Fuente. Todo lo demás es un recurso.*

Melquisedec subrayó esto cuando señaló que Abram conquistó a sus enemigos porque *El-elión* les había entregado en sus manos. Y *El-elión* podría entregarlos en manos de Abram gracias al nombre de Dios: el Dios Altísimo sobre cielos y tierra.

Los reyes que daban problemas a Abram y a sus parientes eran reyes de la tierra. El problema de Abram era una circunstancia terrenal. Sin embargo, *El-elión* es dueño de cielos y tierra. Por eso, 318 hombres adiestrados se pueden equiparar a 30.000 soldados profesionales en una batalla contra cuatro reyes y sus ejércitos. Pueden hacerlo cuando van acompañados de *El-elión*.

El principio simple es este: solo tienes una Fuente. Y una de las peores cosas que tú o yo podemos hacer es tratar un recurso como si fuera nuestra Fuente. Dios es el propietario, el Altísimo por encima de todo, de modo que posee todo lo que hay en los cielos y en la tierra. Es la Fuente. Todo lo demás no es otra cosa que un simple recurso a su disposición.

Esto quiere decir que sea cual fuere el recurso de tu vida que te da problemas, no debe tener la última palabra. Dios puede encontrar otro recurso mediante el cual bendecirte. Tiene más de una manera de realizar sus propósitos.

Entender el poder de *El-elión* es una experiencia liberadora. Por ejemplo, a veces, cuando tomo la interestatal para ir al centro de Dallas, algunos carriles están cerrados por obras. Tengo que acudir a una cita, pero el tráfico está parado. No parece que haya ninguna manera de seguir adelante, porque estoy rodeado de vehículos.

Las situaciones y circunstancias de la vida pueden tener un efecto parecido. Parecen bloquear nuestro progreso, y podemos sentirnos atascados en el camino hacia nuestro destino. Sin embargo, como llevo viviendo tanto tiempo en Dallas, si me quedo atascado en la interestatal puedo tomar una salida. Conozco otras rutas que llevan a mi destino; para ir al centro no tengo por qué tomar esa carretera. La interestatal es solo un recurso en mi camino, no el único. En realidad, cuando necesito ir al centro puedo elegir entre cinco rutas. De igual manera, Dios tiene múltiples opciones para llevarte a tu destino, incluso cuando hay cosas, situaciones o personas que parecen bloquearte el camino.

En realidad, nadie puede impedir que se cumpla el plan de Dios para ti. No hay ninguna circunstancia que pueda detenerte de verdad, no cuando unes tus fuerzas con las de *El-elión*. Él conoce el camino correcto que debes seguir; solo tienes que poner tus ojos en Él y apartarlos de los problemas que tienes delante.

Un recurso no es más que el medio que usa Dios para proporcionarte lo que necesitas o hacer lo que quiere hacer por medio de ti. En el caso de Abram, fueron 318 hombres. En el de Gedeón, 300. En el del muchacho que tenía unos discípulos hambrientos y miles de personas a las que alimentar, era un almuerzo con pescado y pan. Dios tiene muchos recursos. No está limitado a nuestro entendimiento finito de las probabilidades.

Cuando *El-elión* es tu Fuente, todo aquello que te obstaculice el paso no es tu único recurso. Puede que sea el único que veas. Puede que contemples tus recursos y llegues a la conclusión de que no bastan para superar la situación difícil en la que te encuentras. Pero el Dueño de cielos y tierra puede usar tu fe del tamaño de un grano de mostaza y mover una montaña.

Mientras pienses que lo que ves dicta tu destino, lo que veas será tu ídolo, tu *El-elión*. Ni siquiera tu trabajo es tu fuente. Tu jefe tampoco. Si te notifican tu despido, si las cosas no salen como habías planeado, si no consigues ese ascenso que pensabas que ya era tuyo… Dios tiene muchísimas maneras de proveer para ti, abrirte puertas y guiarte por su camino. Cuando entiendes que Él es tu Fuente, no debes temer lo que pueda decir la humanidad, porque ella no tiene la última palabra.

Cuando Abram reconoció a Dios como Aquel que le había librado y obtenido la victoria en la batalla, "le dio [a Melquisedec] los diezmos de todo" (Gn. 14:20). Esto fue incluso antes de que Dios diera el mandamiento del diezmo. Sin embargo, Abram, instintivamente, dio una décima parte como admisión visible, física, de que *El-elión* era dueño de todo.

Abram reaccionó de esta manera porque había sido bendecido. El diezmo era su respuesta a todo lo que Dios ya había hecho. Uno de los motivos por los que la gente tiene problemas con el diezmo es que no reconocen lo que significa. Dar el diezmo es demostrarle a Dios que eres suyo, que quieres ser suyo, que sea responsable de ti. Es la admisión de que Él es tu Fuente.

El 11 de junio de 1963, el gobernador George Wallace y su fuerza policial se situaron en los escalones de la Universidad de Alabama para impedir que entrasen allí dos alumnos negros. Pero los tribunales federales ya habían fallado a favor de los estudiantes. El fiscal adjunto del Tribunal Supremo, Nicholas Katzenbach, llegó con algunos alguaciles judiciales para transmitir un mensaje: "Señor gobernador, apártese".

Wallace respondió vehementemente que no pensaba ir a ninguna parte. La Guardia Nacional se adelantó, explicándole que podía apartarse voluntariamente o que si no, lo apartarían ellos. Cuando quedaron claras las instrucciones, Wallace y sus hombres se retiraron.

Wallace ostentaba el cargo más alto de Alabama. Sin embargo, el tribunal federal aún tenía más poder, y abrogó los deseos de Wallace. Esta autoridad superior abrió las puertas no solo a los dos estudiantes negros, sino también a una integración que, al final, se extendió por todos los recintos universitarios de nuestro país.

Este es un ejemplo práctico de cómo incluso quienes se consideran muy importantes deben agachar la cabeza cuando una autoridad superior a ellos toma una decisión. Cuando el cielo decide dar un paso, todo el mundo debe adaptarse a su decisión. Cuando *El-elión* decide algo, da lo mismo el título que tengan las personas aquí abajo: Dios cumplirá lo que se ha propuesto y abrirá un camino donde, desde el punto de vista humano, no lo hay.

Jesús, el gran Sumo Sacerdote

Empecé este capítulo hablando de los 33 mineros chilenos que se quedaron atrapados a 700 metros de profundidad. Se vieron inmersos en una situación desesperada en la que sus circunstancias y las rocas que se hundieron a su alrededor parecían decidir el resultado. Sin embargo, cuando llegó la ayuda desde arriba, cada uno de esos hombres fue rescatado por medio de un sistema de transporte metálico llamado el Phoenix.

El Phoenix recibe su nombre de una criatura mítica, semejante a un pájaro, que se dice que murió y resucitó de sus propias cenizas. Sacar a los mineros del interior de la tierra es lo más parecido a una resurrección que podamos imaginar los humanos.

Sin embargo, hace 2.000 años tuvo lugar una auténtica resurrección entre las piedras que mantenían a un cuerpo sin vida dentro de una cueva fría. Había fallecido después de tan solo 33 años en el mundo, crucificado por un crimen que no cometió. Pero la muerte no pudo sujetarle a la tierra. El propio *El-elión* levantó a Jesús para darnos a todos nosotros la oportunidad de recibir la vida eterna. Gracias a su resurrección de una situación desesperada, ahora tenemos esperanza. Gracias a su vida, ahora también nosotros tenemos vida.

Hebreos nos dice incluso más sobre el papel que juega Jesús para llevarnos al Padre: "Y habiendo sido perfeccionado, vino a ser autor de eterna salvación para todos los que le obedecen; y fue declarado por Dios sumo sacerdote según el orden de Melquisedec" (He. 5:9-10).

¿Cuál es este orden de Melquisedec? Unos capítulos más adelante se nos dan unas pinceladas sobre ese hombre al que llamaban "el rey de Salem":

> Porque este Melquisedec, rey de Salem, sacerdote del Dios Altísimo, que salió a recibir a Abraham que volvía de la derrota de los reyes, y le bendijo, a quien asimismo dio Abraham los diezmos de todo; cuyo nombre significa primeramente Rey de justicia, y también Rey de Salem, esto es, Rey de paz; sin padre, sin madre, sin genealogía; que ni tiene principio de días, ni fin de vida, sino hecho semejante al Hijo de Dios, permanece sacerdote para siempre (He. 7:1-3).

Muchas personas creen que Melquisedec fue una teofanía en el Antiguo Testamento, una manifestación del Cristo preencarnado. Después de todo, su nombre significaba "rey de justicia" y "rey de paz", y también era sacerdote del Dios Altísimo. No tenía padre ni madre, sino que fue hecho "semejante al Hijo de Dios". Y Jesucristo es "según el orden de Melquisedec". Jesucristo es para nosotros lo que Melquisedec fue para Abraham. Es nuestro Rey de Justicia, nuestro Rey de Paz y nuestro Sacerdote, el intermediario entre nosotros y Dios Padre.

Si tu jefe te despide, si tus circunstancias dictan que siempre has de estar endeudado o si te preguntas si te quedarás soltera, recuerda fijar tus ojos en Jesús. Él puede traer paz a pesar de tu situación desesperada. Puede traer esperanza en medio de los retos. Puede recordarte que *El-elión* no necesita mucho para hacer mucho, y que puede entregar en tus manos a tu enemigo.

Pero, al igual que Abraham, debes someterte al estándar divino, obrando según su autoridad y dándole la gloria debida a su nombre. Debes recordar siempre que tienes una Fuente, que es capaz de "hacer todas las cosas mucho más abundantemente de lo que pedimos o entendemos" (Ef. 3:20). Después de todo, Él es el Dios Altísimo y poderoso, el Dueño de cielos y tierra.

Cuando acudo a McDonald's con mi coche, me preguntan si quiero mi pedido extragrande. Quieren saber si deseo más comida de la que ofrecen normalmente. De igual manera, Dios quiere saber si te contentas con una vida normal o quieres una experiencia a lo grande con Él. *El–elión* es la máxima expresión de Dios en tu vida.

14

EL-SHADDAI

EL DIOS TODOPODEROSO

En el libro de Génesis descubrimos uno de los nombres más conocidos de Dios: *El-shaddai*. Si escuchabas música cristiana popular en la década de 1980, recordarás la versión que hizo Amy Grant de la canción "El Shaddai". La letra de esta canción de alabanza tan conocida nos habla de diversos aspectos del carácter de Dios, además de mencionar algunos de sus nombres.

El–shaddai es uno de mis nombres favoritos de Dios. Es una combinación poderosa de *El* ("Dios") y *Shaddai* ("todopoderoso, suficiente"). En su forma *El-shaddai*, el nombre aparece siete veces en el Antiguo Testamento, aunque a Dios se le menciona otras 41 veces solo como *Shaddai*.

Encontramos este nombre en Génesis 17, cuando Abraham (que en aquel momento aún se llamaba Abram) recibe una visita del Señor:

> Era Abram de edad de noventa y nueve años, cuando le apareció Jehová y le dijo: Yo soy el Dios Todopoderoso [*El-shaddai*]; anda delante de mí y sé perfecto. Y pondré mi pacto entre mí y ti, y te multiplicaré en gran manera (vv. 1-2).

Dios se presenta a Abram (y a nosotros) como *El-shaddai* dentro del marco de un pacto. Este pacto es un acuerdo formal, oficial, que Dios hace con nosotros. Todos los que han confiado en Jesucristo como su Señor y Salvador personal han entrado en lo que se llama el nuevo pacto. Jesús habló de esto cuando instituyó lo que conocemos como "comunión o Cena del Señor". Dijo: "Esta copa es el nuevo pacto en mi sangre; haced esto todas las veces que la bebiereis, en memoria de mí" (1 Co. 11:25).

Por medio de este nuevo pacto, inaugurado por Jesucristo, hemos entrado en un acuerdo con Dios. Es un pacto legalmente vinculante y obligatorio entre Dios y quienes han confiado en Cristo para su salvación.

El hecho de que *El-shaddai* se presente a nosotros en el contexto del pacto con Dios no es algo sin importancia. Dios se toma en serio sus pactos. Es muy importante tener en cuenta esto mientras seguimos explorando este nombre.

Anteriormente, en Génesis 12, unos 25 años antes de este episodio, encontramos el pacto de Dios. Fue entonces cuando Dios estableció la esencia de su acuerdo con Abram:

> Pero Jehová había dicho a Abram: Vete de tu tierra y de tu parentela, y de la casa de tu padre, a la tierra que te mostraré. Y haré de ti una nación grande, y te bendeciré, y engrandeceré tu nombre, y serás bendición. Bendeciré a los que te bendijeren, y a los que te maldijeren maldeciré; y serán benditas en ti todas las familias de la tierra.
>
> Y se fue Abram, como Jehová le dijo; y Lot fue con él. Y era Abram de edad *de setenta y cinco años* cuando salió de Harán (vv. 1-4).

Dios dio el acuerdo a Abram por primera vez cuando este tenía 75 años. Fue entonces cuando Dios dijo a Abram que tenía un plan y una bendición especiales para él.

De hecho, los pactos de Dios siempre involucran una bendición. Una bendición es el favor de Dios expresado a ti y por medio de ti a otros para darle la gloria. Una bendición nunca es solo algo que Dios hace contigo. Para ser una verdadera bendición debe completar el círculo. Una bendición es lo que Dios te hace para que desde ti fluya a otros.

De modo que cuando Dios dijo a Abram que le iba a bendecir, no fue una mera promesa de darle cosas buenas a Abram. Más bien dijo que bendeciría a Abram y le convertiría en una gran nación para bendecir en él "a todas las familias de la tierra". Dios empezaría a hacer de Abram una gran nación dándole un heredero.

Adelantemos unos cuantos años y vemos que Abram ha empezado a dudar de que esta promesa se cumpla. Cuestiona a Dios en el capítulo 15:

> Y respondió Abram: Señor Jehová, ¿qué me darás, siendo así que ando sin hijo, y el mayordomo de mi casa es ese damasceno Eliezer? Dijo también Abram: Mira que no me has dado prole, y he aquí que será mi heredero un esclavo nacido en mi casa. Luego vino a él palabra de Jehová, diciendo: No te heredará éste, sino un hijo tuyo será el que te heredará (vv. 2-4).

En otras palabras, Abram da por hecho que como Dios no le ha dado descendencia, el heredero que Dios pretende usar para cumplir la promesa de hacerle una gran nación será alguien nacido en su casa, pero no de él. Porque, según razonaba Abram, ¿cómo podría cumplirse la promesa si aún no tenía un hijo?

Por lo tanto, Abram hizo lo que hacemos muchos hoy. Usó la lógica para hablar con Dios. Sacó una afirmación "si… entonces…" e intentó reclamar la promesa a golpe de lógica. Pero Dios es más grande que la lógica, y no está limitado por las normas de nuestro razonamiento finito.

Dios respondió rápida y sucintamente a Abram, diciéndole que el heredero procedería de su propio cuerpo; no sería alguien que, sencillamente, hubiera nacido en su casa.

Esta nueva información, en lugar de reforzar la fe de Abram en el Dios Todopoderoso, les indujo a él y a Sarai a buscar otra solución. El heredero de Abram debía proceder de su propio cuerpo, y era evidente que él y Sarai no habían logrado concebir un hijo, lo cual debía querer decir que Abram debía tenerlo con otra mujer. Lamentablemente, eso es precisamente lo que hizo:

> Sarai mujer de Abram no le daba hijos; y ella tenía una sierva egipcia, que se llamaba Agar. Dijo entonces Sarai

a Abram: Ya ves que Jehová me ha hecho estéril; te ruego, pues, que te llegues a mi sierva; quizá tendré hijos de
ella… Y él se llegó a Agar, la cual concibió; y cuando vio
que había concebido, miraba con desprecio a su señora
(Gn. 16:1-2, 4).

Cansados de esperar a Dios, Abram y Sarai decidieron tomar las
riendas de la situación. Como no tenían hijos, Sarai decidió echarle
una mano a Dios. Trazó un plan para que Abram se acostase con
Agar en un programa de ayuda fruto de la mente humana, con la
esperanza de obtener la promesa.

Desde su punto de vista, estaba claro que Dios era muy lento.
No solo eso, sino que Sarai culpaba también a Dios por no haber
cumplido su promesa cuando dijo: "Ya ves que Jehová me ha hecho
estéril".

Si conoces el resto de la historia, sabrás lo terrible que fue esa
decisión no solo para las personas en aquel momento, sino también
para las naciones que surgieron de ellas. Así nació Ismael (el padre
de los árabes), y los árabes y los israelitas llevan enfrentándose desde
entonces.

Dios presenta su nombre *El-shaddai* a Abram 25 años después
de haberle dado la promesa. Abram y Sarai ya eran ancianos y, sin
duda, estaban cansados. Habían probado sus propios métodos en un
intento de colaborar con Dios, pero no habían obtenido resultados
positivos. De hecho, fue al revés. De modo que ahora esperaban, sin
heredero, seguramente dando por hecho que Dios había olvidado su
promesa.

Es probable que algunos de nosotros nos podamos identificar con
lo que sentían Abram y Sarai. Puede que te parezca que Dios ha tardado demasiado en satisfacer tu necesidad o en cumplir su promesa.
Quizá haya tardado mucho en ayudarte a encontrar pareja, casarte,
cambiar a un hijo, asentar una carrera o cualquier otra situación.
Todos nosotros nos hemos sentido así en determinado momento.

Sin embargo, es precisamente en esos momentos cuando Dios
nos recuerda quién es. En el momento en que Abram dudaba más,
Dios le dijo que su nombre era *El-shaddai*.

Como recordarás, *El* es la forma en singular de *Elohim*, nombre que examinamos en el capítulo 2. Este es el nombre que aparece en Génesis 1:1 y que revela a Dios como el Dios Creador Todopoderoso. El nombre *Shaddai* proviene de la raíz *shad*, que significa literalmente "pecho". El profeta Isaías utiliza esta imagen literaria:

> En vez de estar abandonada y aborrecida, tanto que nadie pasaba por ti, haré que seas una gloria eterna, el gozo de todos los siglos. Y mamarás la leche de las naciones, el pecho [*shad*] de los reyes mamarás; y conocerás que yo Jehová soy el Salvador tuyo y Redentor tuyo, el Fuerte de Jacob (Is. 60:15-16).

> Alegraos con Jerusalén, y gozaos con ella, todos los que la amáis; llenaos con ella de gozo, todos los que os enlutáis por ella; para que maméis y os saciéis de los pechos [*shad*] de sus consolaciones; para que bebáis, y os deleitéis con el resplandor de su gloria (Is. 66:10-11).

En estos dos pasajes, el sustantivo *shad* se usa para referirse a la provisión de alimentos. Cuando una mujer amamanta a su bebé, le da lo que este necesita para sobrevivir. El nombre *El-shaddai*, cuando se une con este significado de la raíz, presenta la imagen de un Dios que ofrece la provisión necesaria para sustentar la vida.

¿Cuál era el problema de Abram y de Sarai? No podían producir vida. Ella era estéril; no tenían hijos. Entonces, si ella no tenía esta capacidad de engendrar, ¿cómo se podría cumplir la promesa de Dios, que dependía por entero de que Sarai tuviera un hijo? Abram y Sarai sabían que no podrían cumplir el pacto por su cuenta.

A lo mejor esto te resulta familiar. ¿Alguna vez has sentido plenamente tu propia incapacidad para producir lo que crees que Dios ha prometido para tu vida? ¿Te preguntas cómo pudo hacerlo Dios cuando tú tenías tan poco que ofrecer?

Sin embargo, es precisamente entonces cuando Dios nos recuerda a ti y a mí que es el Dios Creador, que puede crear algo de la nada (He. 11:3) y sustentar la vida por su cuenta. Él es el *El-shaddai*; Él lo solucionará. Tú no tienes que romperte la cabeza pensando cómo resolverlo. Dios sabe cómo hacerlo, como lo hizo con Abram y Sarai.

Dios no necesita tu ayuda injusta, de la misma manera que no necesitó la de ellos cuando involucraron a Agar.

Dios no necesita la metodología humana para que le ayude a cumplir sus planes. Seguramente la motivación de Abram y de Sarai era buena, pero se apartaron del plan de Dios para intentar cumplir lo que Él había prometido. Al hacerlo, en realidad obstaculizaron el cumplimiento. Estorbaron y demoraron el progreso de la promesa.

Dios haría lo que dijo que haría simplemente porque es fiel a sus promesas y a su pacto. Dios tiene el poder para introducir en el entorno visible, físico, lo que existe en el reino invisible. No necesita materias primas con las que trabajar. Creó los cielos y la tierra *ex nihilo*, de la nada. Es evidente que no necesitaba que Abram y Sarai le ayudaran a darles un vástago. Después de todo, su nombre es *El-shaddai*: es tanto el Creador como el Sustentador de la vida. Y le gusta manifestarse dentro del contexto de lo imposible.

El nuevo nombre de Abram

"Y pondré mi pacto entre mí y ti" (Gn. 17:2), le dice Dios a Abram sin dudarlo. Y esta vez, afortunadamente, Abram se postra sobre su rostro ante Dios. A veces es lo único que podemos hacer. No lo puedes explicar, no lo puedes comprender, pero *puedes* creer lo que Dios te dice.

Después de escuchar el nombre *El-shaddai*, Abram se postró ante el Dios que puede crear la vida y sustentarla. Como resultado, Abram obtuvo un nombre nuevo:

> He aquí mi pacto es contigo, y serás padre de muchedumbre de gentes. Y no se llamará más tu nombre Abram, sino que será tu nombre Abraham, porque te he puesto por padre de muchedumbre de gentes (Gn. 17:4-5).

Antes del cambio de nombre, Dios recordó a Abram que su pacto con él era más grande que él. Dijo a Abram no solo que sería el padre de un hijo, sino que lo sería de "multitud de naciones".

Ten en cuenta que, en este momento, Abram tiene 99 años y Sarai no ha podido concebir. Pero Dios se adelanta y le da un nombre nuevo, Abraham, que significa literalmente "padre exaltado". Dios cambió su nombre para adaptarlo a la promesa. En la cultura de Abraham (más que en la nuestra), los nombres definían a las personas. Dios quería que Abraham supiera quién era realmente Dios. Quería que cada vez que alguien pronunciase su nombre recordara que había hecho un pacto con Él, y que Dios lo cumpliría.

¿Estás cansado y desanimado? ¿Has cometido errores por el camino? ¿Estás atrapado en el "síndrome de Ismael", intentando ayudar a Dios pero solo consigues empeorar las cosas?

Si eres así, quiero animarte a que te centres en el nombre *El-shaddai*. Sí, es posible que hayas esperado mucho tiempo y que hayas cometido errores por el camino. Pero sigues aquí, igual que lo estuvieron Abraham y Sara, y Dios aún puede proveer.

El Salmo 91 es uno de mis favoritos. Solo en los primeros dos versículos encontramos un repaso a cuatro nombres de Dios:

> El que habita al abrigo del Altísimo morará bajo la sombra del Omnipotente [*Shaddai*]. Diré yo a Jehová: Esperanza mía, y castillo mío; mi Dios, en quien confiaré.

En esencia, todo depende de dónde vivas. Si habitas donde vive Dios ("al abrigo del Altísimo"), Él cumplirá sus propósitos en tu vida. Será tu *El-shaddai*. Dios quiere tu presencia más que tu programa. Quiere tu relación antes que tu religión. Quiere tu fe. Justo después de revelar su nombre *El-shaddai*, Dios dijo a Abraham: "anda delante de mí" (Gn. 17:1). De la misma manera, Dios anhela que habites con Él y camines delante de Él, estando en su presencia en todo momento.

Jesús lo expresó de esta manera: "Yo soy la vid, vosotros los pámpanos; el que permanece en mí, y yo en él, éste lleva mucho fruto; porque separados de mí nada podéis hacer" (Jn. 15:5). Habitar con alguien significa relacionarse con él. Es el secreto de la vida abundante. Jesús nos dice: "Si permanecéis en mí, y mis palabras permanecen en vosotros, pedid todo lo que queréis, y os será hecho" (v. 7).

De la misma manera que un bebé no puede pedir que le alimenten en la cuna cuando está solo, sino que recibe la nutrición que necesita cuando está cerca de su madre, recibimos de Dios todo lo que necesitamos (la manifestación de sus promesas en nosotros) cuando estamos cerca de Él. Cuando le seguimos y confiamos en que puede hacerlo, descubrimos que realmente es capaz.

Cuando alguien se emborracha y luego se dirige a su vehículo, a menudo alguien le dice: "Oye, dame las llaves". Esto se debe a que esa persona no está en condiciones de conducir. Hoy día muchos cristianos viven la vida según sus propias decisiones, voluntad y deseos, lo cual provoca muchos perjuicios, demoras y desvíos. Dios dice: "Eh, dame las llaves. Sé cómo llevarte exactamente adonde quieres ir, pero tienes que entregarme el control de tu vida". *El-shaddai* es lo bastante poderoso como para suplir todas tus necesidades a pesar de lo que veas.

Sé que en ocasiones parece que Dios te ha abandonado o te ha olvidado. También sé que algunas de esas veces son el resultado de errores que has cometido. Pero lo hermoso es que, a pesar de que Dios dijo a Abram a la edad de 75 años que haría de él una gran nación, y a pesar de que Abram tropezó por el camino, perdiendo tiempo, Dios volvió a hablarle cuando tenía 99 años y le dijo: "Soy *El-shaddai*. Tengo esto. ¿Esta vez estás dispuesto a confiar en mí?".

Al cabo de un año, Abraham y Sara tuvieron un hijo.

Un día, un hombre salió a pescar con su amigo y, al cabo de un rato, ya había atrapado un pez bastante grande. Rápidamente le desprendió el anzuelo y volvió a lanzarlo al agua. Pasaron unos minutos y luego atrapó otro pez grande. Una vez más, le quitó el anzuelo y lo dejó en el agua. Su amigo dio por sentado que pescaba por deporte, no para comer, pero entonces aquel hombre pescó un pez pequeño y lo metió en la cesta.

"No lo entiendo", le dijo su amigo. "¿Por qué devuelves al agua los grandes pero te has quedado este pequeño?".

Su amigo le contestó: "Es que mi sartén solo mide 16 centímetros".

Amigo, si en lo que te fijas es en el tamaño de lo que ves (lo que puedes producir, lo que tienes la capacidad de hacer), acabarás tirando las cosas que Dios quiere hacer en ti y por medio de tu vida para bendecir a otros. Te contentarás con lo poco que puedes hacer por tu cuenta, en lugar de experimentar el milagro de *El-shaddai*. No te fijes nunca en el tamaño de tu sartén, porque siempre será demasiado pequeña. Más bien, céntrate en el tamaño de tu Dios y recuerda su nombre.

Un pajarito iba volando hacia el sur para invernar, pero el aire se volvió tan frío que heló, y el ave no logró llegar a una zona más cálida. Después de un tiempo, el pequeño pájaro cayó desfallecido en un campo grande donde pastaba un rebaño de vacas. Dio la casualidad de que, al rato, una de las vacas se acercó y dejó caer sobre el pájaro un montoncito de estiércol. Al principio, el pájaro se molestó, pero luego se dio cuenta de lo calentito que estaba en el estiércol. Al cabo de poco tiempo empezó a deshelarse, y estuvo tan contento que se puso a trinar. Un gato que pasaba por allí oyó el canto alegre del pajarito. Lo fue siguiendo hasta llegar al montón de estiércol, y empezó a excavar hasta que descubrió a la avecilla, y enseguida se la comió.

De esta historia podemos aprender varias lecciones. Primero, no todo el que te echa encima estiércol es tu enemigo. Segundo, no todo el que te saca del estiércol es tu amigo. Por último: cuando estés metido en estiércol, mantén la boca cerrada.

Si vivimos lo suficiente, cada uno de nosotros nos veremos envueltos en situaciones que nos parecerán peor de lo que podamos soportar. Como aquel pájaro, nos sentiremos como enterrados en estiércol, atrapados y a la espera. Sin embargo, si ponemos nuestra expectativa en *El-shaddai* y en su cuidado providencial, que nos nutre y nos sustenta, no nos amedrentaremos al pensar en pasar por momentos difíciles. De hecho, tendremos su esperanza que nos fortalecerá incluso en las circunstancias que nos parecen desesperantes.

Me encanta la ilustración que encontramos en Daniel 3:20. "[Nabucodonosor] mandó a hombres muy vigorosos que tenía en su ejército, que atasen a Sadrac, Mesac y Abed-nego, para echarlos en el horno de fuego ardiendo".

Sadrac, Mesac y Abed-nego estaban en una mala situación. No se me ocurre nada peor que a uno lo metan en un horno ardiente, excepto una cosa: que lo arrojen dentro atado de pies y manos. Sin embargo, aquellos tres jóvenes pusieron su fe en Dios y obtuvieron una gran victoria.

Entonces el rey Nabucodonosor se espantó, y se levantó apresuradamente y dijo a los de su consejo: ¿No echaron a tres varones atados dentro del fuego? Ellos respondieron al rey: Es verdad, oh rey. Y él dijo: He aquí yo veo cuatro varones sueltos, que se pasean en medio del fuego sin sufrir ningún daño; y el aspecto del cuarto es semejante a hijo de los dioses (vv. 24-25).

Dios honró la fe de aquellos tres jóvenes librándoles de los efectos del horno incluso cuando estuvieron dentro. Hará lo mismo por ti cuando habites en su presencia por fe.

Amigo, el mensaje del evangelio y de la Palabra de Dios no cambia automática e inmediatamente todas las realidades negativas de la vida. Los cristianos aún se enfrentan a los mismos problemas que otras personas. Sin embargo, Dios ofrece la esperanza sustentadora de que cumplirá sus promesas.

Dios conoce tus problemas, y obra para bien a tu favor. Por muy oscura que sea la situación y a pesar del tiempo que hayas esperado, mantén tu fe en Dios porque, al final, Él te guardará. Si sigues atrapado en lo que te parece un callejón sin salida, espera que Dios estará contigo mientras esperas una salida. Él es *El-shaddai*, el Dios Todopoderoso que te sustenta.

Y cuando llegue el día de tu victoria, alábale. Alábale porque te ha ayudado a superar lo que parecía una situación insuperable.

Como hemos visto, Abraham estaba en una situación desesperada a la edad de 99 años. Él y Sara no podían tener un hijo por sí solos. Pero leemos que Abraham "creyó en esperanza contra esperanza" (Ro. 4:18). Al final, Abraham vio el fruto de su fe en *El-shaddai* gracias al nacimiento de su hijo.

Tú también verás el fruto de tu fe, ya sea en este mundo o en el venidero. Es una promesa del Dios que dice: "no se avergonzarán los que esperan en mí" (Is. 49:23).

Pon hoy tu esperanza en *El-shaddai*. Él te conoce, te ama y te sostendrá cuando confíes en que cumplirá sus promesas en ti y por medio de ti.

15

EMANUEL

DIOS CON NOSOTROS

Si vinieras a mi casa en la época navideña, verías un montón de regalos muy bien envueltos junto a la puerta delantera de nuestra casa. Esas cajas con envoltorios tan decorados tienen todo el color de la Navidad. Poseen el brillo y el oropel asociados con la festividad más materialista de esa época del año. Todas están rematadas con grandes lazos.

Solo hay un problema: esas cajas están vacías. Si alguien las robara cuando estamos fuera de casa, no robaría nada más que envoltorios. Los paquetes manifiestan toda la parafernalia navideña, pero carecen de sentido o de valor en sí mismos.

Esos paquetes son como muchos cristianos modernos. Se visten muy bien para ir a la iglesia y llevan una Biblia bajo el brazo. A veces citan uno o dos versículos e incluso pueden ser profesores en la escuela dominical. Sin embargo, si quitásemos el papel, la cinta adhesiva y los lazos, en su interior no encontraríamos la vida vibrante y abundante de Jesucristo. Y, sin Jesús, el cristianismo no es más que otra religión entre muchas. Después de todo, Él es la misma esencia de Dios, que vino a borrar los pecados del mundo y revelarnos al Padre en la carne. Es Dios con nosotros, *Emanuel*.

Emanuel es el último nombre de Dios que analizaremos en nuestro estudio, porque *Emanuel* encarna y cumple todos los nombres que hemos estudiado hasta el momento. El registro del nacimiento de Jesús incluye estas palabras:

> Y dará a luz un hijo, y llamarás su nombre JESÚS, por-
> que él salvará a su pueblo de sus pecados. Todo esto
> aconteció para que se cumpliese lo dicho por el Señor
> por medio del profeta, cuando dijo: He aquí, una vir-
> gen concebirá y dará a luz un hijo, y llamarás su nom-
> bre Emanuel, que traducido es: Dios con nosotros (Mt.
> 1:21-23).

La esencia de este pasaje y del hecho histórico que plasma no es el mero nacimiento de un bebé. La esencia es que Dios *se hizo* bebé. Dios estaba en la cuna. Leemos sobre esto en una profecía que vemos en Isaías 9:6: "porque un niño nos es nacido, hijo nos es dado".

Ten en cuenta que el niño nace, pero el Hijo *es dado*. Esto se debe a que el Hijo existía antes de que naciera el niño. La virgen dio a luz a un niño, pero el niño existía incluso antes de que la virgen quedase embarazada. Por consiguiente, el Hijo fue dado, no nació.

En el libro de Hebreos se nos hace partícipes de una conversación entre Dios Padre y Cristo el Hijo. En esta, hablan de que Cristo vino al mundo como hombre para hacer la voluntad del Padre:

> Por lo cual, entrando en el mundo dice: Sacrificio
> y ofrenda no quisiste; mas me preparaste cuerpo.
> Holocaustos y expiaciones por el pecado no te agra-
> daron. Entonces dije: He aquí que vengo, oh Dios,
> para hacer tu voluntad, como en el rollo del libro está
> escrito de mí (10:5-7).

Jesús vino no solo a hacer la voluntad del Padre, sino también a representarle, de modo que supiéramos cómo es tener a Dios con nosotros, como proclama el nombre *Emanuel*. En Colosenses 1:15, el apóstol Pablo escribe que Jesús es "la imagen del Dios invisible". Hebreos 1:3 describe a Jesús como "el resplandor de su gloria, y la imagen misma de su sustancia". Y el Evangelio de Juan empieza diciendo: "En el principio era el Verbo, y el Verbo estaba con Dios, y el Verbo era Dios… Y el Verbo se hizo carne, y habitó entre nosotros… A Dios nadie le vio jamás; el unigénito Hijo, que está en el seno del Padre, él le ha dado a conocer" (1:1, 14, 18).

Jesucristo es *Emanuel*, Dios con nosotros. Es la representación y la semejanza perfectas de Dios, enviado para mostrarnos la belleza y la majestad del Rey. Jesucristo no entró en escena aquella primera mañana de Navidad en Belén. Existía antes de la creación, "en el principio". De hecho, "todas las cosas por él fueron hechas" (Jn. 1:3). Incluso cuando nos remontamos al libro de Génesis, leemos que Dios dijo: "Hagamos al hombre a nuestra imagen" (Gn. 1:26), una referencia a la presencia de Cristo.

El Verbo del que escribe Juan cuando inicia su exposición en su Evangelio no es otro que Jesucristo. Sabemos que es así porque el versículo 14 nos dice: "El Verbo se hizo carne, y habitó entre nosotros". Imagina la profundidad de esa realidad. El Verbo, que es Dios, descendió para vivir entre nosotros.

Jesús caminó entre nosotros. Fue carne, huesos, tendones y sangre, y, sin embargo, también fue perfectamente divino. En determinado momento tuvo hambre porque era plenamente humano, y al siguiente alimentó milagrosamente a 5.000 personas, porque era plenamente Dios. Podía tener sed, porque era humano, pero también caminar sobre el agua, porque era Dios. Como Jesús era plenamente humano, podía aumentar sus conocimientos, pero como era plenamente Dios, también sabía lo que pensaban las personas. En un momento Jesús agonizó en una cruz y murió porque era plenamente humano. Tres días más tarde, se levantó de la tumba porque era plenamente Dios.

"Por cuanto agradó al Padre que en él habitase toda plenitud" (Col. 1:19). Sin *Emanuel*, Jesús, no tendríamos ninguna oportunidad de comprender bien a Dios. "A Dios nadie le vio jamás; el unigénito Hijo, que está en el seno del Padre, él le ha dado a conocer" (Jn. 1:18).

¿Cómo se da a conocer Dios? Por medio de *Emanuel*, Dios con nosotros. Entender y conocer a Jesús es entender y conocer a Dios.

Felipe había sido discípulo de Jesús durante casi tres años cuando se le ocurrió una petición interesante: "Muéstranos al Padre, y nos basta" (Jn. 14:8).

La respuesta de Jesús pone las cosas en perspectiva: "¿Tanto tiempo hace que estoy con vosotros, y no me has conocido, Felipe? El que me ha visto a mí, ha visto al Padre" (v. 9).

Jesús tomó todo lo que se puede saber sobre Dios y lo puso de manifiesto. Es la revelación completa del propio Dios. Por eso no puedes soslayar a Jesús para llegar a Dios. Él es el unigénito. Buda, Mahoma, Confucio... ningún mero profeta, maestro o rey puede hacer esta afirmación. "Yo soy el camino, y la verdad, y la vida", dice Jesús. "Nadie viene al Padre sino por mí" (Jn. 14:6).

La maravilla de su nombre

Como dije anteriormente, cuando elegimos los nombres de nuestros hijos, a veces basamos nuestra decisión en cómo suenan. El nombre de pila suena bien cuando lo pronunciamos combinado con el apellido. Sin embargo, en los tiempos bíblicos a los padres les importaba menos el sonido del nombre y más su significado. Un nombre era una revelación sobre un individuo o un objeto.

Cuando el ángel Gabriel visitó a María para predecir el nacimiento del Mesías, le ordenó que le pusiera por nombre Jesús, porque ese nombre significaba que Él salvaría a su pueblo de sus pecados. Jesús es el equivalente neotestamentario del nombre Josué, del Antiguo Testamento, que significa "salvación".

Sin embargo, Jesús también tiene otros nombres. No son nombres literales que usáramos en una conversación. Más bien se trata de nombres descriptivos que se le atribuyen y que nos enseñan cosas sobre su carácter y su misión. Fíjate en Isaías 9:6: "y se llamará su nombre Admirable, Consejero, Dios Fuerte, Padre Eterno, Príncipe de Paz". Vamos a reflexionar sobre cada uno de estos.

Admirable Consejero

Cuando algún miembro de mi congregación acude a mí en busca de consejo, la calidad del consejo que recibe depende del tipo de día que tenga yo. A menudo la gente viene esperando recibir una perla de sabiduría que resuelva de inmediato sus problemas y ponga orden en sus vidas. Lamentablemente, no soy más que un hombre. No puedo acertar en el blanco el cien por cien de las veces, por mucho que lo intente. Mis recursos y experiencias personales son limitados.

Esto es lo que hace de Jesús el Admirable Consejero. Su punto de vista es infinito, sus recursos ilimitados. Su experiencia incluye toda una vida en la tierra, soportando las mismas pruebas y tentaciones que nosotros. ¿Quién puede estar más calificado para ofrecernos guía y dirección?

Dios Fuerte

Jesús nunca falla; siempre es fiel. Todo el poder de su creación sustenta su promesa de proveer y cuidar de nosotros. Tiene el poder para resucitar a un muerto de la tumba. Tiene también el poder personal para no anticiparse al momento perfecto decidido por el Padre, como lo hizo cuando rehusó apresurarse a ayudar a Marta y a María antes de que muriese Lázaro. Tiene el poder y la sabiduría absolutos, unidos a una fuerza sobrenatural.

Jesús puede convertir unas rebanadas de pan y unos pescados en un almuerzo para miles de personas hambrientas, solo por creer y dar las gracias con fe.

Tiene el poder para calmar el mar simplemente diciendo la palabra "paz". Las manos que formaron los montes, los océanos y los cielos son lo bastante poderosas como para derrotar a cualquier enemigo, pero lo bastante cariñosas como para consolar todo corazón. El poder es algo más que fuerza. El poder es la capacidad de usar la fuerza estratégicamente para bienestar de otros. Jesús (*Emanuel*), encarna el poder en su forma más perfecta.

Padre Eterno

¿Alguna vez has dedicado tiempo a meditar de dónde proviene Dios? *Ni lo intentes.*

Después de que te hayas remontado al punto más lejano imaginable, no estarás más cerca del origen de Dios que cuando empezaste. "Eterno" quiere decir ¡*para siempre*! No hay principio, no hay final. El hecho es que Dios nunca provino: siempre ha estado ahí.

Esto puede resultar desbordante para nosotros, que somos seres humanos finitos y transitorios. Por eso muchos han llegado a la conclusión de que es demasiado difícil de creer, de modo que se pasan a la teoría de la evolución.

Sin embargo, los evolucionistas me confunden. Dicen que no pueden creer en un Dios eterno, pero no tienen ningún problema en creer que nada más nada es igual a algo. Afirman enseguida que, en tiempos remotos, cierta sustancia colisionó por accidente con otra y eso dio pie a una creación complejísima. Lo único que hace falta para desmontar esta teoría es una pregunta sencilla: ¿quién creó la sustancia?

Antes bien, Dios trasciende el tiempo y penetra también en el tiempo y en el espacio para darse a conocer a nosotros por medio de Jesucristo. Y lo hará eternamente.

Príncipe de Paz

La humanidad ansía la paz desesperadamente. Los gobernantes se sientan en torno a una mesa y negocian la paz. Pagan precios elevados y hacen concesiones importantes para tener paz. Si esto fracasa, declaran una guerra para obtener la paz.

Lo cierto es que pocos de nosotros entienden la paz. Muchos de nosotros no la reconoceríamos si la viéramos. Esto se debe a que con frecuencia estamos atribulados por dentro. Santiago, el medio hermano de Jesús, comprendió la naturaleza de nuestro descontento. "¿De dónde vienen las guerras y los pleitos entre vosotros? ¿No es de vuestras pasiones, las cuales combaten en vuestros miembros? Codiciáis, y no tenéis; matáis y ardéis de envidia, y no podéis alcanzar; combatís y lucháis, pero no tenéis lo que deseáis, porque no pedís" (Stg. 4:1-2).

En Jesús tenemos una alternativa a esta lucha constante. El apóstol Pablo descubrió esta verdad, lo cual le permitió hacer la siguiente afirmación:

> No lo digo porque tenga escasez, pues he aprendido a contentarme, cualquiera que sea mi situación. Sé vivir humildemente, y sé tener abundancia; en todo y por todo estoy enseñado, así para estar saciado como para tener hambre, así para tener abundancia como para padecer necesidad. Todo lo puedo en Cristo que me fortalece (Fil. 4:11-13).

Creo que la mayoría de nosotros piensa que la paz es la ausencia de conflictos. Sin embargo, Jesús nos da mucho más. Nos promete una paz que trasciende nuestras circunstancias. Se filtra en los conflictos inevitables que surgen por naturaleza en un mundo de pecado. Tiene mucho sentido estar en paz cuando todo va bien. Pero

Jesús, que es el Príncipe de Paz, nos promete una paz que trasciende el entendimiento (Fil. 4:7).

El Cumplidor de los nombres

Jesús no solo tiene otros nombres, sino que cumple los nombres de Dios que hemos analizado en el tiempo que hemos pasado juntos. Recordémoslos unos instantes:

- *Elohim* (el Dios creador poderoso). "Porque en él [Jesús] fueron creadas todas las cosas, las que hay en los cielos y las que hay en la tierra, visibles e invisibles; sean tronos, sean dominios, sean principados, sean potestades; todo fue creado por medio de él y para él" (Col. 1:16).

- *Jehová* (el Dios relacional): "Yo en ellos, y tú en mí, para que sean perfectos en unidad, para que el mundo conozca que tú me enviaste, y que los has amado a ellos como también a mí me has amado" (Jn. 17:23).

- *Adonai* (el Dios que gobierna): "¿Por qué me llamáis, Señor, Señor, y no hacéis lo que yo digo?" (Lc. 6:46).

- *Jehová-jireh* (el Señor es nuestro proveedor): "Yo soy el pan de vida; el que a mí viene, nunca tendrá hambre; y el que en mí cree, no tendrá sed jamás" (Jn. 6:35).

- *Jehová-tsabá* (el Señor, nuestro guerrero): "Entonces vi el cielo abierto; y he aquí un caballo blanco, y el que lo montaba se llamaba Fiel y Verdadero, y con justicia juzga y pelea" (Ap. 19:11).

- *Jehová-shalom* (el Señor es paz): "Estas cosas os he hablado para que en mí tengáis paz" (Jn. 16:33).

- *Jehová-rohi* (el Señor es mi pastor): "Mis ovejas oyen mi voz, y yo las conozco, y me siguen" (Jn. 10:27).

- *Jehová-nisi* (el Señor es mi estandarte): "En el mundo tendréis aflicción; pero confiad, yo he vencido al mundo" (Jn. 16:33).

- *Jehová-mekoddishkem* (el Señor que santifica): "Mas por él estáis vosotros en Cristo Jesús, el cual nos ha sido hecho por

Dios sabiduría, justificación, santificación y redención" (1 Co. 1:30).

- *Jehová-rafa* (el Señor que sana): "Y recorrió Jesús toda Galilea, enseñando en las sinagogas de ellos, y predicando el evangelio del reino, y sanando toda enfermedad y toda dolencia en el pueblo" (Mt. 4:23).

- *Jehová-tsidkenu* (el Señor, nuestra justicia): "Al que no conoció pecado, por nosotros lo hizo pecado, para que nosotros fuésemos hechos justicia de Dios en él" (2 Co. 5:21).

- *El-elión* (el Dios Altísimo): "Y a todo lo creado que está en el cielo, y sobre la tierra, y debajo de la tierra, y en el mar, y a todas las cosas que en ellos hay, oí decir: Al que está sentado en el trono, y al Cordero, sea la alabanza, la honra, la gloria y el poder, por los siglos de los siglos" (Ap. 5:13).

- *El-shaddai* (el Dios Todopoderoso): "Yo soy el Alfa y la Omega, principio y fin, dice el Señor, el que es y que era y que ha de venir, el Todopoderoso" (Ap. 1:8).

Desde el principio del mundo hasta su fin, Jesús es la manifestación visible del carácter y de los nombres de Dios. No hay un solo lugar donde puedas mirar y no ver a Jesús. Está en todas partes, lo es todo. "Y él es antes de todas las cosas, y todas las cosas en él subsisten" (Col. 1:17).

El personaje más único en la historia humana, Dios encarnado, merece el lugar más alto en nuestras prioridades. Debe ser nuestro todo. Igual que la tierra gira en torno al Sol, nuestras vidas giran en torno a Cristo, el centro de nuestra existencia. Como dice claramente mi canción favorita de mi grupo favorito, The Temptations, deberíamos cantar siempre a Jesús "Tú eres mi todo".

Conocerle íntima y personalmente alterará por completo tu vida. El mero hecho de saber *acerca* de Él no servirá de mucho. Por ejemplo, yo sé cosas *acerca* del Presidente. Puedo decirte su nombre, e incluso su dirección postal. Puedo darte alguna información que he recabado sobre Él a través de los medios de comunicación. Pero esto no me da derecho a decir que le conozco.

Para *conocer* realmente a Jesucristo, debes experimentarle en persona. Reúnete con Él, pasa tiempo en su presencia y escucha el latido de su corazón. Descubre qué le agrada, qué quiere hacer contigo, en ti y por medio de ti. Cuando le das todo lo que eres, Él está ahí para devolverte todo lo que Él es. El poder que creó el universo es el mismo que puede fortalecerte para que crezcas, cambies y experimentes una satisfacción inenarrable.

Jesús tiene un plan para ti, tiene un propósito y un camino. Si quieres conocer tu propósito, acude a quien mejor lo sabe. Cuanto más cerca estés de Jesús, más lo estarás de experimentar y cumplir tu destino.

Emanuel, el famoso

Vivimos en una época de celebridades; nos rodean por todas partes. Tenemos en alta estima a muchas personas por su capacidad para actuar, cantar, competir en el mundo del deporte, etc. Quizá son personas ricas, tienen éxito en los negocios o son filántropos. Sea como fuere, valoramos a esos individuos por su estatus y su importancia.

Sin embargo, con el paso del tiempo perdemos nuestro interés por la mayoría de celebridades. Su capacidad, talento o notoriedad van reduciéndose, y al final desaparecen.

Sin embargo, Jesucristo nunca perderá su estatus. Nunca escribió una canción, y sin embargo hay más canciones escritas sobre Él que sobre cualquier otra persona de este mundo.

Nunca escribió un libro, y sin embargo el libro escrito acerca de Él ha vendido más ejemplares que ningún otro.

Nunca se alejó más de 500 km del lugar donde nació, pero sin embargo personas repartidas por toda la tierra reconocen su nombre.

Tu calendario se rige por su entrada en la historia humana, diciendo a.C. y d.C. De hecho, su renombre aumenta con el paso del tiempo, a pesar de que lleva más de 2.000 años físicamente ausente de este mundo.

Aunque Jesús es la celebridad más importante que haya vivido, adoptó la forma más humilde de humanidad. Podría haber nacido en un palacio y haberse presentado como rey, pero entonces muchísimos de nosotros no hubiéramos podido relacionarnos con Él. Por lo tanto, vino como un bebé nacido en un pesebre. Las cosas no le fueron tan bien en este mundo: nació en una familia pobre en medio de una sociedad sumida en el caos.

La buena noticia relativa a Jesucristo es que, por muy necesitado que puedas estar, Él sabe cómo es vivir así, porque vino como siervo humilde. Vino motivado por la pasión por su propósito, que era traer la salvación a la humanidad llevando sobre sí los pecados de todo el mundo. "Y estando en la condición de hombre, se humilló a sí mismo, haciéndose obediente hasta la muerte, y muerte de cruz" (Fil. 2:8).

Aquel que manifestó semejante pasión merece nuestra alabanza:

> Por lo cual Dios también le exaltó hasta lo sumo, y le dio un nombre que es sobre todo nombre, para que en el nombre de Jesús se doble toda rodilla de los que están en los cielos, y en la tierra, y debajo de la tierra; y toda lengua confiese que Jesucristo es el Señor, para gloria de Dios Padre (vv. 9-11).

A su nombre se doblará toda rodilla, y toda lengua confesará que Él es el Señor. Ahora toda persona tiene la oportunidad de arrodillarse voluntariamente, o si no, tendrá que hacerlo entonces obligada. Pero sea como fuere, todos se arrodillarán, porque toda la vida debe centrarse en el reconocimiento y la exaltación de Jesucristo.

Por medio de su nombre toda persona puede recibir el don de la vida eterna. Por fe en su nombre y en su muerte, sepultura y resurrección, recibimos el don de la salvación.

En griego, el nombre Jesús significa "salvador, salvación o libertador". De todos los nombres de Dios, el nombre de Jesús abre las puertas de su inmenso poder, tanto ahora como para siempre.

APÉNDICE 1

JESÚS DESDE GÉNESIS A APOCALIPSIS

De principio a fin, la Biblia nos ofrece imágenes del carácter y el propósito de Jesús. Estas descripciones sacadas de los 66 libros de la Biblia no son nombres verdaderos, pero nos ofrecen una mirada más profunda y límpida sobre Aquel que ha venido como *Emanuel* para ser el cumplimiento vivo y la manifestación de los nombres de Dios.

En Génesis,	es el Dios creador.
En Éxodo,	es tu redentor.
En Levítico,	es tu santificación.
En Números,	es tu guía.
En Deuteronomio,	es tu maestro.
En Josué,	es el conquistador poderoso.
En Jueces,	te da la victoria sobre tus enemigos.
En Rut,	es tu compatriota, tu amante, tu redentor.
En 1 Samuel,	es la raíz de Isaí.
En 2 Samuel,	es el Hijo de David.
En 1 y 2 Reyes,	es el Rey de reyes y el Señor de señores.
En 1 y 2 Crónicas,	es tu intercesor y sumo sacerdote.
En Esdras,	es tu templo, tu casa de adoración.
En Nehemías,	es tu muro poderoso, que te protege de tus enemigos.

En Ester,	está en la brecha para librarte de tus enemigos.
En Job,	es el mediador que no solo entiende tus luchas, sino que tiene el poder para solventarlas.
En Salmos,	es tu canción y tu motivo para cantar.
En Proverbios,	es tu sabiduría, que te ayuda a encontrar sentido a la vida y a vivirla con éxito.
En Eclesiastés,	es tu propósito, que te libra de la vanidad.
En Cantares,	es tu amante, tu rosa de Sarón.
En Isaías,	es el Admirable Consejero, Dios Fuerte, Padre Eterno y Príncipe de Paz.
En Jeremías,	es tu bálsamo de Galaad, la medicina que alivia y cura tu alma enferma de pecado.
En Lamentaciones,	es quien siempre es fiel, en quien siempre puedes confiar.
En Ezequiel,	es tu rueda en medio de las ruedas, aquel que garantiza que vuelvan a la vida los huesos muertos y secos.
En Daniel,	es el Anciano de días, el Dios eterno que nunca se queda sin tiempo.
En Oseas,	es tu amante fiel, que siempre te llama para que vuelvas, incluso cuando le has abandonado.
En Joel,	es tu refugio, que te protege en momentos de peligro.
En Amós,	es el esposo, aquel en quien puedes confiar para que esté a tu lado.
En Abdías,	es el Señor del reino.
En Jonás,	es tu salvación, que te lleva de vuelta a su voluntad.

En Miqueas,	es el juez de la nación.
En Nahum,	es el Dios celoso.
En Habacuc,	es el Santo.
En Sofonías,	es el testigo.
En Hageo,	es el que derrota a los enemigos.
En Zacarías,	es el Señor de los ejércitos.
En Malaquías,	es el mensajero del pacto.
En Mateo,	es el Rey de los judíos.
En Marcos,	es el siervo.
En Lucas,	es el Hijo del Hombre, que siente lo mismo que tú.
En Juan,	es el Hijo de Dios.
En Hechos,	es el Salvador del mundo.
En Romanos,	es la justicia de Dios.
En 1 Corintios,	es la roca que siguió a Israel.
En 2 Corintios,	es el triunfador, que da la victoria.
En Gálatas,	es tu libertad, el que te libera.
En Efesios,	es la cabeza de la Iglesia.
En Filipenses,	es tu gozo.
En Colosenses,	es tu plenitud.
En 1 Tesalonicenses,	es tu esperanza.
En 2 Tesalonicenses,	es tu gloria.
En 1 Timoteo,	es tu fe.
En 2 Timoteo,	es tu estabilidad.
En Tito,	es Dios, nuestro Salvador.
En Filemón,	es tu benefactor.
En Hebreos,	es tu perfección.
En Santiago,	es el poder que sustenta tu fe.

En 1 Pedro,	es tu ejemplo.
En 2 Pedro,	es tu pureza.
En 1 Juan,	es tu vida.
En 2 Juan,	es tu patrón de vida.
En 3 Juan,	es tu motivación.
En Judas,	es el fundamento de tu fe.
En Apocalipsis,	es el Rey venidero.

ANÓNIMO

APÉNDICE 2

UNA LISTA EXTENSA DE LOS NOMBRES Y LOS TÍTULOS DE DIOS

ADONAI: Señor, amo (Sal. 97:5), el gobernador.

ELOHIM: Dios (Gn. 1:1), el Creador poderoso.

JEHOVÁ: Señor (Gn. 2:4), el que existe por sí solo.

Los nombres compuestos del Señor Dios
(*Jehová El y Jehová Elohim*)

JEHOVÁ EL ELIÓN: el Señor Dios Altísimo (Gn. 14:22).

JEHOVÁ EL ELOHIM: el poderoso, Dios, el Señor (Jos. 22:22).

JEHOVÁ EL EMETH: Señor, Dios de verdad (Sal. 31:5).

JEHOVÁ EL GUEMULAW: el Señor, Dios de retribuciones (Jer. 51:56).

JEHOVÁ ELOHÉ ABOTHEKEM: el Señor, Dios de vuestros padres (Jos. 18:3).

JEHOVÁ ELOHÉ YESHUATHI: el Señor, Dios de mi salvación (Sal. 88:1).

JEHOVÁ ELOHÉ YISRAEL: el Señor, Dios de Israel (Sal. 41:13).

JEHOVÁ ELOHIM TSABAOTH: el Señor, Dios de los ejércitos (Sal. 59:5; Is. 28:22).

JEHOVÁ ELOHIM: Señor Dios (Gn. 2:4; 3:9-13, 23).

Los nombres compuestos de Dios
(*El, Elohé y Elohim*)

EL-BET-EL: el Dios de Bet-el (la casa de Dios) (Gn. 35:7).

EL-ELIÓN: Dios Altísimo (Gn. 14:18; Sal. 78:56; Dn. 3:26).

EL-ELOHÉ-ISRAEL: Dios, el Dios de Israel (Gn. 33:20).

EL EMUMÁ: el Dios fiel (Dt. 7:9).

EL GIBBOR: Dios Fuerte (Is. 9:6).

EL HAKABOD: el Dios de gloria (Sal. 29:3).

EL HAY: el Dios viviente (Jos. 3:10; Jer. 23:36).

EL HAYAY: el Dios de mi vida (Sal. 42:8).

EL KANNA: Dios celoso (Éx. 20:5).

EL KANNO: Dios celoso (Jos. 24:19).

EL MAROM: el Dios Altísimo (Mi. 6:6).

EL NEKAMOT: el Dios vengador (Sal. 18:47).

EL NOSE: Dios perdonador (Sal. 99:8).

EL ROHI: el Dios que ve (Gn. 16:13).

EL-SHADDAI: Dios Todopoderoso (Gn. 17:1; Ez. 10:5).

EL SIMJAT GILI: Dios, mi gozo rebosante (Sal. 43:4).

ELI MAELEKHI: Dios, mi rey (Sal. 68:24).

ELOHÉ JASEDI: el Dios de mi misericordia (Sal. 59:10).

ELOHÉ MAUZI: el Dios de mi fortaleza (Sal. 43:2).

ELOHÉ TISHUATHI: el Dios de mi salvación (Sal. 18:46; 51:14).

ELOHÉ TSADEKI: Dios de mi justicia (Sal. 4:1).

ELOHÉ YAKOB: el Dios de Jacob (Sal. 20:1).

ELOHÉ YISRAEL: el Dios de Israel (Sal. 59:5).

ELOHENU OLAM: nuestro Dios para siempre (Sal. 48:14).

ELOHIM BASHAMAYIM: Dios en los cielos (Jos. 2:11).

ELOHIM KEDOSHIM: Dios santo (Jos. 24:19).

ELOHIM MAJASE LANU: Dios nuestro refugio (Sal. 62:8).

ELOHIM OZER LI: Dios mi ayudador (Sal. 54:4).

ELOHIM SHOFTIM BA-ARETS: el Dios que juzga al mundo (Sal. 58:11).

ELOHIM TSABAOTH: Dios de los ejércitos (Sal. 80:7; Jer. 35:17).

ELSALI: Dios mi roca (Sal. 42:9).

Los nombres compuestos de Jehová

ADONAI JEHOVÁ: Señor Dios (Gn. 15:2).

HA-MELEK JEHOVÁ: el rey, el Señor (Sal. 98:6).

JEHOVÁ ADON KOL HAARETS: el Señor, el Señor de toda la tierra (Jos. 3:11).

JEHOVÁ BORE: el Señor, el Creador (Is. 40:28).

JEHOVÁ ELI: el Señor mi Dios (Sal. 18:2).

JEHOVÁ-ELIÓN: el Señor Altísimo (Sal. 7:17).

JEHOVÁ GIBBOR MILJAMA: el Señor poderoso en batalla (Sal. 24:8).

JEHOVÁ GOELEK: el Señor tu Redentor (Is. 43:14).

JEHOVÁ HASHOPET: el Señor, el Juez (Jue. 11:27).

JEHOVÁ IMMEKA: el Señor está contigo (Jue. 6:12).

JEHOVÁ IZUZ WEGIBBOR: el Señor fuerte y poderoso (Sal. 24:8).

JEHOVÁ JEREB: el Señor… la espada (Dt. 33:29).

JEHOVÁ-JIREH: el Señor proveerá (Gn. 22:14).

JEHOVÁ KABODI: el Señor, mi gloria (Sal. 3:3).

JEHOVÁ KANNA SHEMÓ: el Señor, cuyo nombre es Celoso (Éx. 34:14).

JEHOVÁ KEREN-YISHI: el Señor, el cuerno de mi salvación (Sal. 18:2).

JEHOVÁ MAGEN: el Señor, el escudo (Dt. 33:29).

JEHOVÁ MAGINNENU: el Señor nuestro escudo (Sal. 89:18).

JEHOVÁ MAJSI: el Señor mi refugio (Sal. 91:9).

JEHOVÁ MAKKÉ: el Señor que golpea (Ez. 7:9).

JEHOVÁ MAUTSAM: el Señor su fortaleza (Sal. 37:39).

JEHOVÁ MAUTSI: el Señor mi fortaleza (Jer. 16:19).

JEHOVÁ MEFALTI: el Señor mi libertador (Sal. 18:2).

JEHOVÁ-MEKODDISHKEM: el Señor que te santifica (Éx. 31:13).

JEHOVÁ MELEK OLAM: el Señor es rey para siempre (Sal. 10:16).

JEHOVÁ METSUDATI: el Señor mi refugio (Sal. 18:2).

JEHOVÁ MOSIEK: el Señor tu Salvador (Is. 49:26; 60:16).

JEHOVÁ-NISI: el Señor es mi estandarte (Éx. 17:15).

JEHOVÁ ORI: el Señor es mi luz (Sal. 27:1).

JEHOVÁ-RAFA: el Señor es tu sanador (Éx. 15:26).

JEHOVÁ-ROHI: el Señor es mi pastor (Sal. 23:1).

JEHOVÁ SALI: el Señor es mi roca (Sal. 18:2).

JEHOVÁ-SAMA: el Señor está allí (Ex. 48:35).

JEHOVÁ-SHALOM: el Señor es paz (Jue. 6:24).

JEHOVÁ SURI: Oh, Señor, mi roca (Sal. 19:14).

JEHOVÁ-TSABAOTH: el Señor de los ejércitos (1 S. 1:3).

JEHOVÁ-TSIDKENU: el Señor, nuestra justicia (Jer. 23:6).

JEHOVÁ UZI: el Señor es mi fortaleza (Sal. 28:7).

NUNCA ES DEMASIADO TARDE

El camino inesperado de Dios al éxito

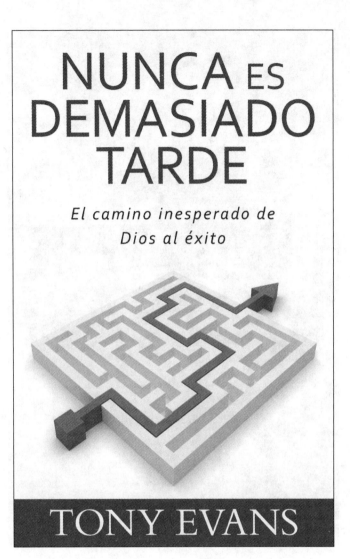

TONY EVANS

Dr. Tony Evans utiliza personajes bíblicos importantes, cuyas acciones no fueron conformes al carácter de Dios, para ilustrar la verdad de que Dios se deleita en usar a las personas imperfectas que han fallado, pecado, o simplemente fracasado. Los lectores se sentirán alentados acerca de su propio caminar con Dios al entender que Él los está encaminando hacia el éxito, a pesar de las muchas imperfecciones que tienen y los errores que cometen.

TONY EVANS

¡BASTA YA DE EXCUSAS!

Sea el hombre que Dios quiere que sea

Para ser los hombres que Dios quiere que seamos, hace falta algo más que valor, sobre todo cuando nos enfrentamos a luchas personales que nos tocan de cerca.

Basándose en las vidas de Moisés, David, José, Jonás y otros hombres de la Biblia que se enfrentaron a lo peor, Evans arranca a los hombres de su fracaso y declara "¡Basta ya!". Evans nos demuestra que las luchas a las que nos enfrentamos ayer y hoy son precisamente los instrumentos que Dios emplea para hacernos mejores hombres para el mañana.

alcanza la
victoria
financiera

tony evans

Tony Evans ayudará a los lectores a descubrir las respuestas a los problemas de la vida diaria al mostrarles que Dios tiene un propósito con su dinero. Evans explica que todo lo que pensamos que nos pertenece, en realidad, le pertenece a Dios. Y cuando pensamos en "nuestro" dinero de esa manera, podemos aprender a ser buenos mayordomos, o administradores, de lo que Él nos ha confiado.

Alcanza la victoria financiera presenta meticulosamente cómo deberíamos abordar el tema vital del dinero.

No dudes en leer este libro práctico y conciso.

EL PODER
DE LA
CRUZ
EN TU VIDA

Tony Evans

En este libro, el doctor Tony Evans te ayudará a entender cómo activar el poder de la cruz y tener acceso a todos los beneficios, bendiciones y energía que contiene en sí misma y por medio de ella, de modo que puedas vivir la vida victoriosa y llena de poder que Dios quiere para ti.

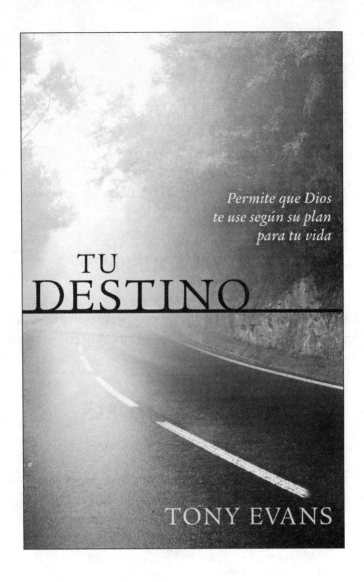

*Permite que Dios
te use según su plan
para tu vida*

TU
DESTINO

TONY EVANS

Los lectores se embarcarán en un viaje para descubrir su vocación especial, y el trayecto incluirá: reafirmar el plan de Dios para darles un destino único, usar herramientas prácticas para identificar su misión especial de Dios y crecer en la plenitud de su destino.

Entender los planes de Dios para su reino y el papel singular que ha asignado a cada embajador nos conducirá a un futuro que brilla con esperanza.